L'art d'être fragile

De la lecture de quelques vers d'authentique poésie, en vers ou en prose, on peut dire ce que Sterne disait d'un sourire : qu'il ajoute un fil à la très brève toile de notre vie.

GIACOMO LEOPARDI, *Zibaldone*, 1er février 1829

Vers quoi tend la brève errance qui est la mienne ?

GIACOMO LEOPARDI,
Chant nocturne d'un berger errant de l'Asie

Le bonheur est un art, pas une science

Le bonheur n'est que l'accomplissement.
Zibaldone, 31 octobre 1823.

Cher Lecteur,

Dans les transports publics des villes que je traverse, je collectionne les visages et les regards, parce que c'est là que je débusque les personnages de mes histoires et c'est là que se niche le bonheur d'un moment et d'un lieu. Parfois je souris à une personne, même si je ne la connais pas, ce qui jette dans le trouble le malheureux (ou la malheureuse), mais presque aussitôt je vois que quelque chose se dissipe, et les traits du visage, renfermés tout d'abord, révèlent clairement que nous utilisons plus de muscles pour exprimer la tristesse que pour sourire (les scientifiques le disent aussi). Il me semble que nous sommes en train d'oublier l'art d'être heureux et que, lorsque nous le sommes, par peur que cet état de grâce soit une illusion, nous le condamnons à s'épuiser, comme un jardinier qui ne se fie pas à la graine d'un rosier à cause de sa petitesse et de sa fragilité, et décide en conséquence de ne pas en prendre soin.

Quand je regarde une rose, je me rends compte que les choses de l'univers ne sont pas tenues d'être belles, mais qu'elles le sont tout de même. Pourquoi est-ce que nous ne réussissons pas, nous, à atteindre la beauté d'une rose ou pourquoi oublions-nous la manière d'y parvenir ? Bien plus concentrés sur les résultats que sur les personnes, nous négligeons de prendre soin de nous-mêmes comme d'être vivants, c'est-à-dire appelés à être de jour en jour plus vifs, capables d'un destin inédit, et nous nous contentons de traverser avec lassitude la répétition de jours sans joie. Je crois que la raison en est que nous préférons souvent à la vie son habillage, comme quelqu'un qui ayant reçu un cadeau se contenterait du paquet par peur d'être déçu en l'ouvrant.

Le malheur diffus de notre temps, et de tous les temps passés et à venir, est causé par la carence de passions « heureuses », qui sont la clé d'une vive « vivante ». C'est de la passion – soit comme transport pour qui et pour ce qu'on aime, soit comme capacité à porter le poids de qui l'on aime et de ce que l'on aime – que dépend le destin d'une personne. L'époque des passions tristes, ainsi que quelqu'un a défini notre époque ivre d'émotions superficielles mais assoiffée d'amours profondes, est exsangue par manque de destins tendant à devenir destinations, c'est-à-dire cette condition dans laquelle nous avons prise sur notre vie telle qu'elle est et où nous la faisons fleurir, en transformant ce qui est arrivé en choix, ce qui a été donné en désir, ce que nous avons en passion, la route que nous sommes en train de suivre en inspiration vers un but. Hélas, le désarroi est l'expression la plus répandue sur les visages de ma collection. Qu'est-ce qui fait donc que nous perdons le bon chemin, que quelque chose fait obstacle à la vie ?

On peut s'étonner du pourcentage d'adolescents de quinze ans qui, en Occident, ont déjà tenté de se suicider : au-dessous de vingt-quatre ans, c'est la principale cause de mort après les accidents de la route. Le refus de la vie, accompagné de troubles et de comportements divers (anorexie, boulimie, hyperactivité, déficit de concentration, dépendances, abandon de l'école, jeux violents et sadiques du genre *Orange mécanique*), constitue le cri de désarroi d'une génération tantôt angoissée, tantôt fuyant l'existence qui lui a été donnée ; une génération qui a le visage de l'homme de Munch hurlant sur le pont où il a oublié d'où il vient et où il va, et restant suspendu dans l'angoisse du vertige, sans savoir s'il doit avancer ou revenir en arrière.

Où sont passées les passions heureuses, profondes, durables ? Est-il encore possible de les réveiller en nous ou sont-elles définitivement perdues ? Existe-t-il une méthode pour un bonheur durable, une façon d'être au monde qui consente le plus amplement possible à la vie, sans rester écrasé par sa force de gravité, sans succomber aux défaites, aux faillites, aux souffrances, mais en transformant celles-ci en aliments indispensables à nourrir l'existence ? Peut-on apprendre le pénible métier de vivre jour après jour de façon à en faire un art même de la joie quotidienne ?

Parvenu au seuil de mes quarante ans, moment fécond pour les bilans, je crois avoir trouvé le secret de cet art d'exister sans peur de vivre, ou mieux : en acceptant même la peur, et c'est ce que je possède de plus précieux. Dans ces pages, cher Lecteur, je voudrais te le livrer, comme dans une causerie entre amis, voire dans la pénombre d'une soirée libre de toute obligation. Mieux : je préférerais que te le livre cet ami même qui me l'a révélé, celui qui, quand j'avais dix-sept ans, passa le seuil de ma chambre pour ne plus jamais en sortir.

Dans notre chambre, nous ne faisons entrer que ceux qui ont le droit de nous voir à découvert, sans défenses, et même nus. Encore plus à dix-sept ans, quand la porte de notre chambre est un seuil infranchissable entre le monde des adultes, qui voudrait imposer son ordre et ses formes, et le chaos informe des vêtements éparpillés, mêlés à des livres de classe, des partitions, des reliques provenant de Dieu sait quels autres univers. Mais cette porte est aussi la frontière entre l'intérieur et l'extérieur, entre ce qu'on peut voir de nous au-dehors et ce que nous sommes vraiment en nous-mêmes : entre le « monde[1] », ce qui semble pur, ordonné, réglé, et l'« immonde », ce chaos auquel on ne réussit pas à donner un ordre, un sens, c'est-à-dire une direction et une signification. Personne n'est autorisé à franchir cette frontière sinon ceux qui ont le passeport de notre cœur, ou bien qui s'y introduisent par la séduction ou en contrebande.

Pense, Lecteur, à ce qui est en train de se produire pour toi dans cet acte de confiance inconsidéré qu'est la lecture d'un livre à la lumière, si ancienne et si moderne à la fois, d'une lampe, allongé sur ton lit : tu es en train de permettre à un étranger d'entrer dans ta nuit, au moment où tu baisses la garde. Par ce geste, tu affrontes la peur du noir et te rends disponible au mystère.

C'est ce qui m'est arrivé avec celui qui m'a révélé le secret du bonheur, le dernier auquel j'aurais pensé, adolescent, à confier la clé de ma chambre :

Giacomo Leopardi.

Dis la vérité : tu es déçu et, dans ton esprit, viennent de s'insinuer deux faits très encombrants : une bosse et le pessimisme[2].

Quel adolescent ferait jamais entrer dans sa chambre un personnage qui a comme signes distinctifs – avec

1. L'auteur joue ici sur le sens latin du mot, qui existait en vieux français (toutes les notes sont du traducteur).

2. Leopardi, poète et penseur du pessimisme intégral (en qui Schopenhauer, notamment, reconnut un frère spirituel), était légèrement bossu, sans qu'on sache si cette déformation était congénitale ou due à l'excès de ses travaux d'enfant et de jeunesse dans la bibliothèque paternelle.

la complicité de l'école[1] – une bosse et le pessimisme (avec ses trois stades : subjectif, historique, cosmique) ?

Si nous avions raconté d'autres épisodes de la vie de Leopardi, la perception que nous en avons aujourd'hui serait peut-être bien différente et plus proche de l'effet réel que ce poète a sur l'intériorité des adolescents.

Si nous avions raconté par exemple qu'enfant il aimait à s'échapper dans les combles pour y jouer avec les ombres et les lumières qui passaient à travers un rideau ? Et qu'il aimait interpréter des personnages héroïques dans de joyeuses représentations avec ses frères et sa sœur ?

Si nous avions raconté que, dans son journal, il écrivait qu'il aimait à se promener en comptant les étoiles ?

Si nous avions raconté qu'il cherchait à mériter l'amour impossible d'une mère peu portée aux caresses et d'un père trop rigide ?

Si nous avions raconté que, dans ses années napolitaines[2], il aimait comme un enfant le pain de *Madama* Girolama, les pizzas sucrées et les sorbets de Vito Pinto, au point de lui consacrer un vers (oui, dans une poésie !) sur l'art du sorbet : « *L'arte onde barone è Vito*[3] » ; que, dès qu'il le pouvait, il s'asseyait au café du Largo della Carità pour se délecter d'une glace et qu'il sucrait son café au point d'en faire un sirop ? Et qu'il cachait sous son oreiller des douceurs, interdites par le médecin, pour les dévorer la nuit ?

Si nous avions raconté qu'il achetait souvent un billet de loterie ou suggérait à qui tentait sa chance le numéro

1. Leopardi, avec Dante et Pétrarque, est en effet un des poètes incontournables de l'enseignement littéraire en Italie. Tout écolier italien connaît par cœur *L'Infinito*.

2. Les dernières années de sa vie.

3. « L'art dont Vito est un baron » (v. 95 des *Nuovi Credenti*). Vito Pinto, fameux cafetier de Naples, qui devint en effet baron.

gagnant, parce qu'il savait que les bossus portent chance et laissait gentiment les gens de la rue s'en moquer ?

Si nous avions lu à haute voix le sonnet dédié à la vieille cuisinière du palais Leopardi, Angelina, dont il adorait les sourires et les lasagnes ?

Si nous avions raconté son besoin d'amis, qui le portait à reconnaître dans l'amitié une chose capable de vaincre la mort même ?

Leopardi eut prise sur la réalité comme peu de gens, parce qu'il avait des sens particulièrement fins, ceux d'un « prédateur de bonheur ». Une passion absolue le guidait. Il la gardait à l'intérieur de lui-même et l'alimenta de sa fragile existence durant les trente-neuf années où il séjourna sur la terre. C'est pourquoi il eut un destin choisi et non subi, tout en ayant tous les alibis pour le subir et fuir toute passion. Il fut, tout au contraire, un chasseur de beauté, entendue comme une plénitude qui se dévoile dans les choses quotidiennes pour qui sait en saisir les indices, et il chercha à lui ouvrir l'espace avec ses mots pour rendre féconde et heureuse une vie constellée d'imperfections.

Dans les pages qui suivent, je pose des questions (la littérature sert à créer des doutes, non à poser des questions en règle) et je réponds à Leopardi, qui m'a à son tour accueilli avec amour dans ses « stances[1] » (ainsi appelle-t-on les strophes poétiques) en m'écrivant des lettres pressantes et vigoureuses : une correspondance entretenue avec lui dans un espace-temps créé par l'acte de la lecture, l'espace-temps de la beauté, qui vainc le temps mesuré par les horloges et diffuse la vie comme seuls l'amour et la douleur, l'écriture et la lecture peuvent le faire.

1. En italien, le mot « *stanza* » (pl. « *stanze* ») signifie à la fois une pièce, une « chambre », et une « strophe ».

Mais ce livre est aussi un acte de fidélité à deux projets qui ne furent jamais réalisés par Giacomo. Il aurait voulu écrire une *Lettre à un jeune homme du XXe siècle*, comme il le note dans le *Zibaldone* en avril 1827, et il me plaît d'imaginer que c'est justement moi qui ai reçu cette lettre, moi qui suis né cent cinquante ans après cette note, dans un siècle vers lequel lui-même se sentait projeté. Lire ce qu'un autre homme a écrit, c'est entrer en relation épistolaire avec lui : il nous écrit, et nous, à la distance de milliers et de milliers d'heures, nous lui répondons. La poésie est un message enfermé dans une bouteille, qui vit dans l'espérance d'un dialogue différé dans le temps. Telle a été pour moi, adolescent naufragé dans sa chambre, la poésie de Leopardi.

L'autre projet que Leopardi laissa inachevé est un poème, en prose et en vers, sur les âges de l'homme. Contraint à vivre à un rythme plus rapide que le nôtre, du fait de ses conditions physiques, Leopardi m'a appris à m'approcher des âges de la vie avec des mots précis, en les rendant ainsi réels et habitables, et il m'a aidé à trouver les instruments de l'art de vivre quotidien à chaque étape de l'existence, en identifiant sa fin avec la passion heureuse qui doit la traverser et la guider.

Ce livre est donc divisé en sections qui signalent les passages de l'existence humaine et ce qui peut les illuminer de l'intérieur. Leopardi a distillé, comme on le fait avec les composants d'un parfum, les étapes qui nous apparentent tous, quelles que soient la latitude et la longitude dont nous relevons, quelle que soit la « dot » que la vie nous a offerte. Ces composantes fondamentales de la vie humaine, je les appelle : adolescence, ou art d'espérer ; maturité, ou art de mourir ; réparation, ou art d'être fragile ; mourir, ou art de renaître. L'art, c'est ce que celui qui a du talent pour la vie (nous tous) peut apprendre et améliorer jour après jour, pour que chaque étape soit illuminée, guidée et réchauffée par un feu qui ne s'éteint pas, celui de la passion heureuse d'être au monde comme des poètes du quotidien et non comme des reliques épuisées ou de pâles comparses. Dans un moment de joie, ne nous écrions-nous pas : « C'est de la pure poésie » ?

Ces pages ne renferment pas de solutions simples, parce que la vie n'est jamais simple, et elle ne l'a pas été pour Leopardi en particulier, mais elles suggèrent comment nous pourrions être nous un peu plus simples, avec un regard plus pur sur la vie.

Unis-toi à nous, Lecteur, et, si chemin faisant, tu sens la morsure de la fatigue, prends patience (ce mot a la même racine que « passion »), le panorama de la fin sera inoubliable. Je me rappelle encore l'émerveillement que j'ai éprouvé en me promenant dans le jardin des roses de Regent's Park à Londres, en me trouvant face à face avec trente mille exemplaires de plus de quatre cents espèces, chacune ayant un nom particulier, et chaque rose sa couleur. Là, j'eus l'impression de voir et d'entendre la polyphonie du monde.

Ce champ de roses sera le nôtre. Le champ de roses des destins humains et de leur fragile et possible bonheur, qui, comme l'écrit Leopardi, n'est que l'accomplissement d'une vie, de toute vie, accomplissement pour lequel « il est nécessaire à chaque chose existante d'aimer et de chercher le plus de vie possible » (*Zibaldone*, 31 octobre 1823).

Si tu me fais confiance, Lecteur, je te promets de t'aider à chercher cette vie et à réveiller en toi cet amour.

ADOLESCENCE
ou l'art d'espérer

L'espérance est comme l'amour-propre, duquel elle dérive immédiatement. L'une et l'autre ne peuvent, par essence et nature de l'être animé, abandonner ce dernier tant qu'il est en vie, c'est-à-dire tant qu'il sent son existence.

Zibaldone, 31 décembre 1821.

Se fonder sur les étoiles

> Une maison dans les airs, suspendue par des cordes à une étoile.
>
> *Zibaldone*, 1er octobre 1820

Cher Giacomo,

Aucun de nous ne se soustrait au rite des étoiles filantes, parce qu'une nuit au moins tous les trois cent soixante-cinq jours tout le monde veut sentir qu'il fait partie d'une histoire infinie, dans laquelle, à la chute d'une étoile, se lève un désir, comme si nos rêves étaient reliés aux mouvements de l'univers selon une parfaite logique. Les Anciens, de fait, disaient que, si les étoiles ne déterminent pas les faits de la vie, elles les influencent au moins. À cet instant, immergés dans l'obscurité qui dissimule le vice affreux de ne pas se sentir à la hauteur de la vie, nous sommes autorisés à exprimer, dans le silence de notre cœur, ce qui compte le plus pour nous, ce pour quoi nous désirons vivre. Ce silencieux sillage de feu pénètre nos yeux et, dans son ultime sursaut de flamme, réveille la poussière inerte de notre cœur, provoquant une explosion et une expansion infinie.

À ce moment-là, nous sentons que nous méritons la beauté, précisément à cause de sa gratuité, et en nous se fait jour la foi que la vie quotidienne peut devenir le terrain fertile où cultiver nos désirs, pour qu'ils fleurissent. Ce sont des instants que j'aime à appeler des « ravissements », des manifestations imprévues de la part la plus authentique de nous-mêmes, ce que nous savons être, en faisant abstraction de tout le reste : les résultats scolaires, les succès professionnels, les jugements d'autrui, et l'armée menaçante des faits qui voudraient nous enfermer dans les limites de la triste région des êtres sans rêves. Dans une nuit étoilée, la part la plus authentique de nous cherche à prendre sa place, même si nous nous empressons de nous convaincre que tout cela n'a été qu'un jeu ou un rêve « dans les nuages ». Mais toi justement, Giacomo, inépuisable explorateur d'espaces célestes, tu avais compris que la part la plus authentique de nous est une maison qu'on peut habiter n'importe où, avec des fondations inversées, suspendues à une étoile, non pas une étoile filante mais une lumineuse référence pour notre navigation sur l'océan de la vie. Tu m'as enseigné que le *ravissement* n'est pas le luxe que nous pouvons nous offrir une fois par an, mais l'étoile polaire d'une vie tout entière.

Il ne s'agit pas d'aventures mystiques ou sentimentales, mais d'expériences originales et vertigineuses, quelque chose que chacun de nous éprouve quand il tombe amoureux, comme en témoignent les vers de Pedro Salinas tirés du recueil de poésies d'amour du XXe siècle que je préfère : « Quand tu m'as élu / – c'est l'amour qui m'a élu – / je suis sorti du grand anonymat / de tous, du rien. / […] Mais quand tu m'as dit : "Toi" / – qui es mien, oui, mien, entre tous – / alors plus haut que les étoiles / ou les coraux je me suis trouvé. / […] Tu me donnais la possession de moi-même / en te donnant à moi » (*La Voz a ti debida*[1]). Quand on est choisi, on découvre sa propre originalité :

1. N° 62, « Cuando tú me elegiste ».

l'espace intérieur s'amplifie démesurément et de là on peut s'élancer dans le monde sans peur. Nous sommes « ravis » quand un fragment de réalité nous appelle à sortir de nous-mêmes, tout en restant en nous-mêmes, mieux encore : en nous appropriant notre moi le plus authentique plus en profondeur. Nous avons l'impression de pouvoir finalement saisir la vie et la faire nôtre ; nous voulons la lune et nous nous sentons stupides de la désirer, comme s'il s'agissait d'un droit et d'un devoir.

Toi aussi, Giacomo, tu perçus que tu étais quelqu'un et non quelque chose en un moment de *ravissement*. Être poète était ton accomplissement ; la poésie, ta maison accrochée aux étoiles : pour faire tien le secret de cette gravité à l'envers, tu ne pouvais être rien de moins que poète. Tu es l'homme grâce auquel je puis, chaque fois que je le veux, faire entrer une nuit étoilée dans ma chambre, une pleine lune dans ma classe, et, pour quelques instants, retrouver intacts les désirs les plus profonds du cœur, sans que le cynisme les appelle folies.

Il y a quelque temps, je me suis trouvé devoir faire un remplacement d'une heure dans une classe de terminale. C'était un lundi quelconque, un de ces lundis qui se présentent avec, derrière soi, le poids mélancolique du « Soir du jour de fête[1] ». J'ai pris cette heure de la seule façon qui ne soit pas déprimante. Je me suis dit : voyons ce que je puis apprendre de ces adolescents que je ne connais pas et que je ne reverrai peut-être jamais. J'ai décidé de leur faire raconter les moments de *ravissement* qu'ils avaient connus au cours de ces dernières années. Les moments où le rappel du monde réel les a ravis et ramenés au profond d'eux-mêmes en les poussant à s'exclamer : « C'est là ma maison, c'est ainsi que je voudrais habiter le monde ! »

1. Titre d'une célèbre poésie de Leopardi.

L'un d'eux m'a parlé de ski alpin et du contact avec les montagnes ; un autre, de sa passion pour les composants électroniques et des circuits qu'il est en train de concevoir pour une gestion intelligente de la maison ; une jeune fille m'a parlé du désert de Mauritanie où elle a passé quelques nuits et où elle a perçu tout le vide qu'il y a sous les étoiles ; une autre, de la façon dont elle se sent chez soi quand elle s'occupe de petits enfants, tandis qu'une autre encore m'a raconté qu'elle avait commencé à faire du bénévolat dans les secours d'urgence en ambulances et s'était enfin sentie utile. Un garçon m'a parlé des Lençóis Maranhenses, les « linceuls » de l'aire désertique de Maranhão au Brésil, dont le sable blanc est creusé de puits qu'emplit une eau de pluie très pure et qui donne sur la mer comme un lac à peine sorti des mains de Dieu, tandis qu'un autre m'a expliqué qu'en regardant les films des grands réalisateurs il se sentait appelé à créer des histoires et des images aussi belles. Les adolescents cherchent des maisons accrochées aux étoiles dans le contact avec une nature qui raconte l'infini et dont l'écrasante beauté évoque une pureté à la fois vierge, indomptable et dangereuse. Ou alors dans le contact fort et réel avec la vie des autres, des vies souvent fragiles, auxquelles on peut faire du bien.

Je suis sorti de cette classe avec des désirs et des projets de vie renouvelés, parce que je me sens en classe comme eux se sont sentis dans ces lieux. Avec les adolescents et leur cœur mélancoliquement assoiffé d'infini, de pureté, d'amitié, d'élan vers ce qui est beau, bon, authentique, je me sens chez moi, parce qu'ils sont une partie essentielle de ce *ravissement* dont j'eus l'intuition quand j'avais dix-sept ans et que je décidai que je serais enseignant. Mes étoiles filantes furent au nombre de trois.

Un jour, à cet âge, je tombai sur une chaîne télévisée qui passait un film où, dans le rôle d'un professeur, un Robin Williams exalté réveillait les âmes assoupies de ses élèves en les poussant à chercher, dans les pages des livres et de la vie, le vers qu'ils auraient ajouté au grand poème du monde. Dans cette scène, je vis mon avenir et le sens des passions presque inconsciemment mûries dans mon passé.

Tout fut confirmé quelque temps plus tard lors d'une scène similaire, quand mon professeur de littérature me prêta son livre préféré, les poésies de Hölderlin, et me dit que je devais le lire en quinze jours. Entre ces vers et les notes au crayon de mon professeur, je fus emporté par ce poète capable d'infini comme bien peu d'autres, infirme dans la vie mais versé plus qu'aucun autre dans la musique des mots. « Sais-tu de quoi tu languis [...], ce dont tu as porté le deuil en tous tes deuils ? C'est un bien qui n'a pas disparu il y a quelques années seulement : on ne peut dire précisément quand il fut là, quand il se déroba, mais il a existé, et il existe encore, en toi ! Un temps meilleur, un monde plus beau, voilà ce que tu cherches[1] » (« Hypérion à Diotima », in *Hypérion*). Je me sentis chez moi, dans cette recherche de beauté, dans cette mélancolie d'un deuil qui n'était pas un deuil, mais c'était une soif que je partageais. Je fus aussi transporté parce que j'étais devenu le dépositaire d'un secret, le secret de mon professeur, qui avait vu en moi la flamme d'un futur enseignant, semblable à lui, et qui, ce matin-là, au lieu de se plaindre à la perspective d'un nouveau jour de classe, avait choisi dans sa bibliothèque un livre pour un de ses élèves, cet élève, précisément, qui t'écrit à présent.

1. *Hypérion*, trad. par P. Jaccottet, *in* Hölderlin, *Œuvres*, Paris, Gallimard, « Bibliothèque de la Pléiade », 1967, p. 190.

Enfin, cette même année, le professeur de catéchisme de mon école, le Père Pino Puglisi – qu'on appelait « 3P » – fut assassiné par la mafia. Là encore, je fus emporté, mais par la douleur (bien des ravissements sont le fruit d'une crise profonde) et par le désir d'être un enseignant capable de donner en quelque façon sa vie pour les adolescents, y compris pour ceux qui ne semblent pas mériter nos efforts.

Comme tu me l'as écrit, Giacomo, les désirs, les passions, les douleurs et surtout l'amour sont les catalyseurs du destin dans le chaos des atomes de notre fragile existence :

Personne ne devient un homme avant d'avoir fait une grande expérience de soi, laquelle, le révélant à lui-même et déterminant son opinion sur lui-même, détermine en quelque manière la fortune et l'état de sa vie. […] La connaissance et la possession de soi-même naissent d'ordinaire des besoins et des malheurs, ou de quelque grande, c'est-à-dire forte, passion – et le plus souvent de l'amour.
(Pensées, *LXXXII)*

Aujourd'hui encore, à l'âge de trente-neuf ans, je vis de la flamme de ces ravissements de mes dix-sept ans : je suis mon centre, mon originalité, ma maison, ma joie quotidienne, mon enthousiasme, cela qui est l'origine de tout. Il ne peut être moins puissant qu'une étoile, ce feu qui embrase la passion pour la vie ; c'est pourquoi, Giacomo, tu imaginais une maison accrochée aux étoiles, et les étoiles t'ont accompagné de ton premier à ton dernier vers. Cela semble être des mots et des métaphores, des images de rêveur, mais, après des années d'enseignement, je sais que c'est la vérité.

Cher Giacomo, tu m'as révélé le secret pour faire fleurir un destin humain dont j'ai eu l'intuition dans l'adolescence. Seule la fidélité à son propre *ravissement* fait de la vie une passionnante exploration des possibles et les transforme en aliments, même quand la réalité semble nous barrer la route.

Raconte-moi où tu as trouvé cette force, Giacomo. Suggère-moi ce que je puis répondre à cette jeune fille qui m'a confié que les deux ravissements de sa vie – l'amour d'un garçon et la danse – ont misérablement échoué, l'un parce qu'il n'était pas réciproque, l'autre à cause d'un grave accident. Raconte-moi comment tu as fait, toi, pour être fidèle toute ta vie à ce premier ravissement, quand, au cours des années, il t'est apparu que tu ne pourrais en faire une réalité.

Raconte-nous comment on lutte pour être heureux quand tout le monde résiste et que le courant est contraire, parce que nous aussi nous pouvons faire nôtres ta clarté et ta force. Enseigne-nous le secret d'un ciel étoilé trois cent soixante-cinq jours par an, d'une vie qui s'agrippe à l'avenir. Si une graine n'« espère » pas dans la lumière, elle ne prendra pas racine, mais espérer est difficile, parce que cela requiert la connaissance de soi, l'ouverture et un grand nombre d'échecs. Espérer n'est pas le vice de l'optimiste, mais le vigoureux réalisme de la fragile graine qui accepte l'obscurité de la terre pour devenir un arbre. Enseigne-nous, Giacomo, cet art d'espérer.

Le ravissement, ou l'appel à être quelqu'un

Je demande humblement si le bonheur des peuples peut s'obtenir sans le bonheur des individus.

Lettre à Pietro Giordani, 24 juillet 1828

Cher Giacomo,

Un antique proverbe dit qu'« une graine cachée dans le cœur d'une pomme est un verger invisible ». Cependant, pour pouvoir voir les choses cachées dans la graine, il faut un sens spécifique : le sens de l'originalité. Rien d'excentrique ni d'extraordinaire, mais la pure et simple conscience de l'origine, qui nous permet de saisir intuitivement pour quoi nous sommes au monde. Mais sa manifestation est si discrète qu'il faut prêter une attention absolue pour que cette origine nous rejoigne. Chacun dans sa vie a au moins une minute de pure clarté, de lumière et de joie d'être au monde comme le porteur d'une nouveauté absolue. Cela est l'indice du bonheur, tu me l'as dit : comme une possibilité qu'il faut habiter et faire fleurir.

Dans la vie d'un homme, les moments de ravissement sont rares et essentiels, et, dans ces instants, passés, présent et futur deviennent soudain simultanés, comme une graine dans laquelle on réussirait à voir en même temps l'arbre d'où elle provient, l'arbre qu'elle donnera et toutes les saisons intermédiaires. Ce sentiment d'amplification et de contraction du temps, de cristallisation et d'ouverture, est ravissement, contact avec sa propre origine, et donc originalité.

C'est du même ordre que lorsque nous disons à la personne dont nous sommes amoureux : « Il me semble que je te connais depuis toujours » ou : « Je veux vivre avec toi pour toujours ». Quand cela se produit, nous nous sentons appelés à un bonheur durable, non éphémère : nous ne sommes plus anonymes, nous avons finalement un nom, que personne d'autre ne peut avoir.

C'est pourquoi, Giacomo, je ne m'attelle pas à raconter ta vie depuis ta naissance, ou depuis ton enfance, comme le font à juste titre les historiens, parce que les romanciers ont une autre perception du temps. Qui raconte sait que le temps roule autour d'un noyau, d'une source, qui n'est pas le commencement mais le centre, par rapport à quoi l'avant est préparation et l'après affirmation. Une biographie ressemble à une ligne, mais une vie ressemble à une spirale, le centre reste dans la même position et les minutes s'enroulent autour de ce centre, tantôt plus proches, tantôt plus éloignées, en fonction de l'originalité. Ce centre est le *ravissement*, et son écrin est l'adolescence.

C'est précisément en ces termes que, lorsque j'avais dix-huit ans, tu m'as décrit ton *ravissement*. Quatre ans plus tôt, ton père t'avait ouvert les merveilles de sa bibliothèque, qui lui avait coûté dix ans d'efforts et qu'il avait généreusement mise à disposition des habitants de Recanati et des gens des alentours. Je t'imagine assis à ta table, d'où tu voulais conquérir l'amour de tes parents, et surtout de ton père. Penché à la lumière d'une bougie, une couverture sur les épaules dans les mois les plus froids, tu regardais, à travers les pages, des mondes qui eussent été inaccessibles par les chemins de ton bourg natal, comme font aujourd'hui les adolescents avec Internet.

Comme tous les jeunes gens, tu cherchais des distractions à l'ennui de journées toujours semblables et les livres étaient ton unique ressource entre ces murs. Dans les livres, tu cherchais la formule pour être heureux, comme si le bonheur était une science, tu fouillais dans les pages comme un enfant qui cherche à déterrer le trésor en suivant les indices sur la carte. Et le trésor apparut, mais de façon inattendue, peut-être justement pour te sauver de ces années qui furent cause d'un corps mal apte à bien respirer.

À dix-huit ans, il se produisit quelque chose d'imprévisible : le destin entra par les fragiles parois de ton corps. Tu avais voulu connaître le monde à travers une bibliothèque et la vie te réclama hors de ces salles, dans un autre livre, fabriqué par la nature. Il me plaît de relire les lignes que m'as écrites pour décrire la lumière de cet appel hors de la bibliothèque :

Quand je vois la nature dans ces lieux qui sont vraiment amènes (unique bonne chose qu'ait ma patrie) et spécialement dans ces temps, je me sens ainsi transporté hors de moi-même que ce serait, me semble-t-il, un péché mortel que de ne pas m'en soucier et de laisser passer cette ardeur juvénile en voulant devenir un bon prosateur et attendre une vingtaine d'années pour me donner à la poésie.
(Lettre à Pietro Giordani, *30 avril 1817)*

Ces lignes, adressées à l'un des intellectuels les plus connus de son époque, auquel tu avais justement écrit pour lui demander des conseils sur ton avenir, sont le témoignage de cette minute de ravissement que tu connus, de ce contact vital avec la réalité qui nous fait entrer en résonance comme un diapason jusqu'au moment où l'on comprend quelle est notre tonalité, que cet espace est notre maison, que c'est là que nous voudrions habiter, parce que c'est là que nous nous sentons chez nous, partout dans le monde. Tes mots, Giacomo, m'ont fait comprendre où tout commence.

Ce ravissement te portait à répondre à Giordani – qui te conseillait de te consacrer d'abord à la technique de la prose – que tu n'étais pas disposé à attendre, parce que l'émerveillement vient avant la technique et même en est la cause, et non le contraire. L'émerveillement contraint la bouche à s'ouvrir et les bras à s'abandonner, et ne met qu'après en mouvement paroles et actions.

Je ne veux certes pas dire que, selon moi, si la nature vous appelle à la poésie, vous deviez la suivre sans autre souci ; tout au contraire, je tiens pour sûr et parfaitement évident que la poésie demande une étude et une fatigue infinies, et que l'art poétique est si profond que, plus on y pénètre, mieux on apprend que la perfection réside en un lieu auquel au départ on n'avait même pas pensé. Seulement il me semble que l'art ne doit pas étouffer la nature et que cette méthode d'aller par degrés et de vouloir être bon prosateur avant d'être poète me paraît contre la nature, laquelle, au contraire, vous fait poète et puis, avec le refroidissement de l'âge, vous accorde la maturité nécessaire à la prose.
(Lettre à Pietro Giordani, *30 avril 1817)*

Un adolescent sans émerveillement est un adolescent sans ravissement, comme un art sans émerveillement est une technique froide ou une éphémère provocation. Quand on est émerveillé, une splendeur encore imprécise apparaît qui nous pousse à aller plus avant. S'émerveiller est en fait comme pressentir ou entrevoir une histoire entière dans un premier regard quand on tombe amoureux.

L'adolescence, indépendamment des limites d'âge qu'on lui donne, a comme but, cher Giacomo, cette graine d'avenir, ce feu qui fait de nous des combattants trempés – bien que fragiles. Une fois atteinte la profondeur originaire, la source de l'action inspirée commence à bouillonner, tout le reste est une mascarade, une imitation, une contagion éphémère. Si l'on ne fouille pas, et si l'on ne chérit pas cette fouille, la recherche se poursuit indéfiniment. Ce que nous cherchons se trouve déjà en nous, mais n'est pas activé du fait du manque de contact avec la réalité ; et, jusqu'à ce que nous le trouvions, nous restons prisonniers des deux principes qui dictent le scénario dans l'enfance et l'adolescence : le principe de plaisir et le principe de contrainte, moteurs qui nous poussent à agir en fonction d'une dictée externe et non sous la poussée d'une floraison interne, capable de tout intégrer. En latin, on employait le mot « ravissement » pour décrire un fleuve qui emporte tout pour arriver jusqu'à la mer. Sans être « ravis », non seulement on ne parvient pas à la mer, mais on glisse dans le sommeil ou l'on fuit dans le rêve.

Souvent, il t'arrivait de ne pas te sentir à la hauteur de cet appel, et tu expérimentais l'insatisfaction qui nous saisit tous face à la grandeur d'un ravissement comparée à nos capacités réelles, le « mécontentement d'éprouver les sensations nées en moi à la vue de la campagne, comme de ne pouvoir entrer plus profond et goûter davantage, avec le sentiment que ce n'était jamais le fond, outre que je ne savais pas l'exprimer » (*Souvenirs d'enfance et d'adolescence*). Mais tu chassas la tentation de penser que ça n'avait été qu'une illusion, comme le fait qui a trop peur de bâtir une maison fondée sur les étoiles. Non seulement tu ne pouvais abandonner ce fragment de monde qui t'avait été confié, mais tu ne pouvais nous abandonner, nous qui devions le recevoir comme un cadeau à travers tes mots. « Prendre soin » est la fin du ravissement, comme lorsque nous tombons amoureux et qu'une personne nous est ainsi confiée. Pour « prendre soin », les Latins disaient *colere*, d'où *cultum*, d'où le terme « culture » (l'agriculture n'est rien d'autre que de prendre soin de son champ). La culture n'a rien à voir avec la consommation d'objets culturels : on s'illusionne en croyant qu'on acquerra plus de culture en consommant plus de livres, plus de musique, plus de tableaux. Je connais des gens qui consomment un tas d'objets culturels, mais cela ne les rend pas plus humains ; ils finissent même par se sentir supérieurs aux autres. Se cultiver signifie cultiver son champ, le faire fleurir, en transpirant. Être cultivé signifie connaître la consistance des graines, les sillons de la terre, les temps et les saisons de l'humain, et s'en occuper pour que tout donne du fruit au bon moment. Dans la culture, il y a le réalisme du passé et de l'avenir, et la lenteur du présent, chose que la consommation ignore : elle veut la rapidité, l'immédiateté, elle n'envisage pas la passion et la patience.

Le monde devait savoir le précieux et fragile secret que tu avais découvert dans un simple printemps, dans un simple ciel nocturne dominé par la lune et les étoiles. Ainsi fait tout amoureux : il ne parle de rien d'autre que de son amour. Et, de fait, pour renouveler ton ravissement, tu te penchais de ton bureau vers la nuit, après avoir soufflé la chandelle, et, à peine ta vue s'était-elle habituée à cette lumineuse obscurité, que tu sentais le temps et l'espace entrer en toi : tu te mettais à compter les étoiles du ciel, qui à ton époque n'était pas encore pollué par d'autres lumières, tandis qu'une brise calme montait de la mer vers la campagne de Recanati et te caressait le visage, et tu percevais que cet infini était ta maison. De toi, Giacomo, j'ai appris comment, d'une fenêtre, on regarde les étoiles, quand la mer, miroir de l'azur tout à fait pur du ciel, respire infatigable et tranquille. De toi j'ai appris comment on s'émerveille, quand on est surplombé par des choses qui n'ont point été faites par l'homme et qui inspirent celles que l'homme peut créer. D'un coup tu avais compris que la vie se développe du *moins* vers le *plus* ; il suffit de regarder la floraison des graines au printemps : le poète sait que l'avenir des choses est caché dans leur origine.

L'adolescence n'est pas une maladie

> Le bonheur suprême dans ce monde, l'homme le trouve quand il vit paisiblement dans son état avec une espérance calme et certaine d'un avenir bien meilleur. Cet état divin, je l'ai éprouvé de seize à dix-sept ans, avec la tranquille et certaine espérance d'un avenir plein de joie.
>
> *Zibaldone*, 1819-1820

Cher Giacomo,

Tu m'as montré l'essence de l'adolescence en me racontant la tienne. Tu m'as fait connaître le courage qu'il fallait pour consentir au fait d'être né, pour accorder son assentiment à l'involontaire absolu d'être ici, surtout quand on en vit la fragilité. Le courage d'avoir un destin et de l'assumer, c'est-à-dire de saisir si et pourquoi il vaut la peine de vivre. Tu m'as expliqué que ce consentement ne s'accorde pas en un instant, comme pour le ravissement, mais qu'il requiert la patience des saisons : c'est un art qui s'apprend tout au long de la vie.

Il est nécessaire de s'arrêter sur l'excès d'espérance qui caractérise cette étape, et que souvent les adultes minimisent ou critiquent.

De fait, cette espérance, les adolescents la perdent parfois à cause de nous les adultes. Ils ont peur parce qu'ils ne réussissent pas à vivre leurs seize ou dix-sept ans avec cette « tranquille et certaine espérance » dont tu parles, Giacomo. Ils vivent immergés dans des récits désespérants qui prennent le pas sur la réalité, sur l'exploration du possible, car souvent qui devrait témoigner du futur est privé de destin : seul celui qui a trouvé sa propre vocation et la vit est capable d'éveiller des vocations. Dans ces années d'enseignement et de rencontres, j'ai vu des adolescents déjà pleins d'ennui, fatigués, corrompus par la monotonie, rouillés, les yeux éteints, presque vieux. Ce n'était pas la majorité, mais ils étaient là. Toi, Giacomo, tu m'as enseigné qu'il en faut peu pour raviver le feu caché sous la cendre : il suffit, par exemple, de citer les paroles d'un poète, d'un écrivain, éventuellement les tiennes, pour découvrir ce qui donne consistance aux espérances, ce qui rend réel l'invisible : l'invisible de la statue dans l'idée du sculpteur, de l'arbre dans la graine, de la cathédrale dans l'esquisse, de l'amour dans le premier regard.

J'ai été frappé par les mots d'une élève de quinze ans qui traversait un moment de particulière fragilité et à laquelle j'avais prêté un livre adapté à la situation, le journal d'Etty Hillesum, une adolescente juive qui raconte sa maturation au contact de l'horreur nazie, laquelle lui brisera le corps mais pas l'esprit. Etty transforme chaque chose en vie, parce que toute chose, dans l'intériorité, particulièrement chez les femmes, peut devenir féconde. Elle transforme en vie la mort même, en refermant son journal par une phrase que je porte gravée dans mon cœur : « On voudrait être un baume pour beaucoup de blessures. » Après avoir lu le livre, cette adolescente m'a écrit : « Je voulais vous remercier de m'avoir prêté un livre si précieux. Si avant je me limitais à voir la vie en blanc et noir, maintenant les nuances font partie de moi. Certes, il m'est impossible de ne pas voir, de temps en temps, des choses qui m'attristent, mais je n'ose plus en rendre coupable la vie, je ne la considère plus injuste ou mauvaise. Simplement je vis les situations déplaisantes et je confie à Dieu ma douleur. Etty est si semblable à moi que, en lisant pour la première fois ses paroles, je me suis enfin senti Bien (avec un B majuscule), c'était comme si ses mots étaient le miroir de mes pensées. J'ai noté sur un cahier presque chaque phrase qui semblait proche de moi et de ce que je suis en train d'éprouver en ce moment, et cela a été libératoire, comme d'admettre que cette douleur existe et que quelqu'un d'autre l'a vécue. Etty et moi, nous sommes si proches que j'aurais aimé lui parler, lui dire exactement ces choses que je voudrais m'entendre dire. Elle m'a beaucoup appris, avec sa juvénile inquiétude, sa force, sa foi, mais surtout avec son amour inépuisable pour la vie. »

Une fois de plus, la lecture avait créé un espace et un temps dans lesquels les humains se rencontrent, construisent des liens et trouvent des mots pour se définir eux-mêmes, surtout dans les moments de passage. L'homme n'est pas seulement être, il est aussi devenir, et l'adolescence est plus qu'autre chose un devenir. Et on la vit pleinement en traversant jusqu'au fond la crise qui la remplit de doutes et d'interrogations.

Je suis accablé de questions, à la fois comme enseignant et comme écrivain ; et je suis en train de les rassembler par genres et par sujets. Que me demandent les adolescents ?

Comment on fait pour vivre, pour rêver, pour aimer, pour trouver Dieu, comment on fait pour trouver sa voie, pour ne pas succomber à la douleur… C'est ainsi que je me suis convaincu que les adolescents n'ont pas des questions : ils *sont* des questions. Avec leurs silences, ils reformulent les mêmes « pourquoi » que répètent les petits enfants, mais sur un plan différent : le petit enfant demande comment il peut y avoir des étoiles, l'adolescent demande comment on y arrive, parce que l'espérance est désir (*de-sidera*, distance par rapport aux étoiles), son manque est un désastre (*dis-astro*, absence d'étoiles).

Je me rappelle encore avec beaucoup de mélancolie une rencontre avec une jeune fille de dix-sept ans. Je me trouvais dans une ville pour la présentation de mon second roman. À la fin de la présentation, une dame s'approche de moi et me dit qu'une étudiante n'avait pas pu venir, bien qu'elle en eût follement envie, parce qu'on l'avait hospitalisée. Elle souffrait d'anorexie et c'était un moment très délicat pour elle. Cette dame me demandait de venir la voir. Nous y allâmes aussitôt.

Menue, toute fragile, ses yeux n'étaient pas encore éteints, ils étaient encore pleins de possibilités, mais elle n'y croyait plus. Je ne pouvais pas parler d'espérance, d'avenir, de beauté. Elle ne croyait en rien de ce pour quoi son âge était fait, et c'était pour ça qu'elle était là, hospitalisée, risquant sa vie, esprit abattu dans un corps de papillon. J'ai senti devant moi un mur infranchissable, le cœur de cette jeune fille s'était retiré quelque part, dans une obscurité qu'aucune lumière ne réussissait plus à atteindre. Alors je suis resté silencieux un moment face à elle, et puis je lui ai parlé de mes projets et de mes rêves, et aussi de quelques moments où j'avais été ridicule, pour la faire rire. Nous nous sommes dits au revoir en nous embrassant et je lui ai simplement dit que personne ne pouvait prendre sa place, que ce qu'au monde elle pouvait faire, elle seule pouvait le faire, que sa rencontre avait été pour moi un cadeau, en quelques minutes. Une larme a coulé sur sa joue, comme si elle s'accordait le luxe d'une larme. Je n'ai plus rien su d'elle, mais j'espère que cette timide larme était le signe d'une espérance, d'un nœud qui commençait à se défaire.

J'ai reçu tant de lettres d'adolescents détruits par des enseignants capables de dire après un examen raté : « Tu ne seras jamais bon à rien », ou devant une classe surchargée : « Vous êtes trop nombreux ; je vais vous réduire... » Des adolescents qui ont ensuite été redressés et sauvés par d'autres maîtres, qui ont fait émerger chez eux des qualités insoupçonnées jusque-là. Je me souviens d'une jeune fille déçue par les leçons de son enseignante, qui, durant les pauses prenait un cours d'italien dans le couloir avec l'enseignant d'une autre section, lequel restait là, disponible à la curiosité et aux questions. Et cette jeune fille aimait l'italien plus que toute autre matière justement à cause de ces leçons qu'elle recevait dans le couloir. Je me souviens aussi de ce garçon, tombé dans un abîme d'ennui et de sentiment d'inutilité, qui, poussé par un enseignant à se dévouer aux autres, entra dans un centre pour enfants atteints de lésions cérébrales et se sentit renaître à la vie, dont pour la première fois il avait compris la fragilité et le prix.

Toi aussi, Giacomo, tu appelais de tes vœux l'aide de quelqu'un qui sache accueillir ton mode d'être et qui te guide. Quelqu'un qui t'aime tel que tu étais et te permette de t'accepter comme tu étais incapable de le faire. Une bibliothèque ne suffit pas au bonheur (comme aujourd'hui Internet, même s'il contient le monde entier) ; c'est pourquoi tu cherchais des amours et des amitiés, comme le fait tout adolescent. Mais tes premiers rêves furent des rêves impossibles, comme des gestes muets lancés à des jeunes filles de familles qui gravitaient autour de la vôtre – telles Maria et Teresa, qui allaient devenir, dans tes poésies, Nérine et Silvia – ou à des femmes mûres et d'une éclatante beauté, comme la comtesse Lazzari. Des amours où le désir et l'imagination faisaient tout. Les amitiés, en revanche, te semblaient être l'unique moyen de réaliser tes désirs, parce qu'elles t'auraient ouvert les portes de la république des Lettres et de là celles de la célébrité. C'est ainsi que tu te mis à écrire aux intellectuels importants de l'époque, et grande fut ta surprise lorsque Pietro Giordani prit au sérieux ton talent et ta solitude. Après une adolescence passée en compagnie des noms gravés au frontispice des livres, le rappel à la réalité était puissant. Tes parents, Monaldo et Adélaïde, n'avaient pas réussi à comprendre ta fragilité et se réjouissaient de te voir immergé dans tes études, parce que c'est ce que devait faire l'aîné de la famille Leopardi, sans comprendre que tu cherchais autre chose. Il te manquait l'affection, la chaleur, il te manquait ce dont chaque adolescent a le plus besoin : se sentir aimé.

« Ton cœur agité éprouve toujours un grand manque, un je-ne-sais-quoi d'inférieur à ce qu'il espérait, un désir de quelque chose, et même de beaucoup plus » (*Zibaldone*, 27 juin 1820). Il y a toujours un grand manque dans le cœur de l'homme, et encore plus dans celui d'un adolescent qui s'est senti peu aimé.

Seuls les experts du cœur humain, les maîtres, peuvent panser et guider un cœur brûlant sans qu'il se replie sur et contre lui-même, parce que nous ne pouvons vouloir moins d'amour que ce qui nous revient.

Un jour, à la fin d'une rencontre avec des étudiants des grandes classes du lycée, rencontre durant laquelle j'avais parlé de ces thèmes, une enseignante, peut-être inquiète de l'enthousiasme des élèves, déclara : « L'adolescence est importante, mais il ne faut pas la surestimer. » Ce mot trahissait peut-être la peur d'entrer dans l'arène éducative en respectant cette étape avec ce qu'elle représente d'excès et donc de fatigue. Nous adultes, nous voudrions contrôler l'adolescence, en croyant que ce serait un raccourci pour éduquer, mais cette phase de la vie, avec sa soif de liberté, ne veut pas de contrôle, mais tout au contraire ouverture, acceptation, affirmation, destination, objectifs, qui servent de limites naturelles à l'excès, de sorte qu'il puisse trouver les limites dans lesquelles se définir et surtout sa forme la plus authentique. Quand le Père Puglisi organisait ce qu'il appelait des « camps vocationnels », il les intitulait : « Oui, mais vers où ? » Une phrase qui contient l'affirmation totale de ce qu'est chaque adolescent, mais aussi la tension vers quelque chose (le mot *ad-olescent* indique la tension vers une plénitude).

Cependant, en l'absence de ravissement, de vocation, de destination, l'éducation se réfugie dans le contrôle, dans l'obligation, les interdits, qu'en effet les adolescents ne comprennent pas.

C'est toi qui m'as enseigné, Giacomo, précisément grâce à ta souffrance, à regarder mes élèves sans prétendre les contrôler, sans sous-évaluer leurs seize ou dix-sept ans, mais en prenant au sérieux cet excès, parfois déstabilisant, et en lui donnant une direction. Ce fut un excès mal placé qui ruina ta santé, ce fut un excès bien dirigé qui te sauva la vie. C'est dans l'excès de l'adolescent que se révèle et se cache à la fois le feu de l'espérance et du désespoir.

L'un crée, l'autre détruit. L'un sert à amollir, à forger, à tremper l'acier, l'autre à incendier des forêts et des bibliothèques.

Mais c'est le même feu.

Vivre les questions

Et moi, qui suis-je ?
Chant nocturne d'un berger errant de l'Asie

Cher Giacomo,

De nos jours, on parle trop *des* adolescents, mais on parle trop peu *avec* les adolescents. Parler avec un adolescent, ce n'est pas articuler une liste de « tu dois » ou « tu devrais ». Qui cherche à singer leur adolescence ne gagne pas non plus leur confiance ; il faut pour cela participer à leur vie en choisissant au coup par coup la bonne distance. Seul celui qui vit le ravissement engendre des ravissements et provoque des destins. Ce n'est que si je sais ce que je fais dans le monde que je puis jeter dans une crise positive un adolescent, qui ne veut pas qu'on lui explique la vie, mais que la vie se dévoile à lui et veut avoir à ses côtés des personnes de confiance pour sa navigation. Si un adulte fait l'adolescent attardé, il peut tromper les adolescents, qui penseront que devenir adultes c'est désirer revenir en arrière et éprouver du regret pour ce qui n'est plus. Ils voudraient être sûrs d'eux-mêmes, mais nous devons les aider à être sûrs d'*être* eux-mêmes, en commençant à accepter ce qu'ils sont et non pas en les accablant d'un moi imaginaire et inatteignable. C'est pourquoi ils doivent trouver en nous quelqu'un qui est sûr d'être soi-même, fragilités comprises, inadaptations comprises, échecs compris, en somme : limites comprises. Toi aussi, cher Giacomo, tu as lutté pour ne pas renoncer à cette assurance d'être toi-même, à ta vocation.

Cette génération d'adolescents est plus rapide que les précédentes, elle entre en contact avec beaucoup plus de monde en moins de temps, elle connaît plus de choses que la mienne, mais elle a aussi un point faible : elle a moins de critères pour décoder les messages, elle ne sait pas par où prendre le monde, elle endosse souvent une réalité *a contrario*, comme un T-shirt dont on ne distingue ni le devant ni le dos, ni l'intérieur de l'extérieur. Elle trouve la solution à force d'essayer et d'essayer encore, si elle ne se décourage pas avant. Nous leur avons tout donné pour jouir de la vie, mais nous ne leur avons pas donné une raison de la vivre. Nous avons pris le bien-être pour le bonheur, la consommation pour le rêve.

Le résultat est une génération souvent perdue dans un désert d'ennui, en quête d'oasis de sens, piégée dans des mirages émotifs nécessaires pour racheter une profonde solitude, non point celle, féconde, du poète qui s'éloigne du monde pour s'en retourner plus riche et plus amoureux, mais celle de qui se sent abandonné de tous et dont je suis le témoin quand je recueille les confidences des adolescents qui ne me connaissent que par mes livres. Alors je me demande : autour d'eux, personne ne les observe ? Je note une tendance à la reddition à un âge fait pour l'héroïsme ; de fait, ceux qui n'ont pas encore renoncé à lutter éprouvent durement la douleur de quelque chose qui leur était dû mais qu'ils ont perdu, sans savoir exactement comment : une sorte d'égarement. Et pourtant, cette douleur, s'ils décident de ne pas l'ignorer et de la laisser prospérer, est leur salut, parce qu'elle aiguise la soif, les questions. Un jour, un collègue m'a critiqué en disant : « À l'école, il faut semer des doutes, pas des certitudes. » Moi, je crois qu'à l'école l'alternative n'est pas entre doutes et certitudes, mais entre liberté et esclavage. Il ne s'agit pas de semer des certitudes, mais d'encourager l'usage de la liberté dans la direction de ce qui est vrai, beau et bon, pour amplifier le rayon d'action de la vérité, de la beauté, de la bonté, les trois choses qui rendent une vie passionnée et passionnante. Si nous n'avions pas un minimum de certitudes, pourquoi enseigner Shakespeare, Homère et Dante ? Pourquoi les lois de la physique ? Pourquoi la vie des étoiles et des cellules ? Nous le faisons parce que nous pensons que cela sert à s'orienter dans le monde, à l'habiter, même quand il devient inhospitalier.

Je reçois de la part d'adolescents des centaines de questions « impossibles », parce que ces questions sont aussi les miennes et que je suis aussi en chemin pour trouver leurs réponses, qui n'arriveront qu'à condition qu'on tienne bien ces questions vivantes : la vie n'est jamais avare de réponses quand on reste ouvert à elle avec des questions précises.

« Pourquoi tout ça doit-il arriver ? », une jeune fille dont la mère souffre d'une tumeur.

« Comment fait-on pour se découvrir un rêve pour la vie ? », un garçon rongé par l'ennui.

« Comment faire pour ne pas gâcher mon adolescence ? », un garçon épuisé par le consumérisme.

« Comment puis-je de nouveau tomber amoureuse ? Je n'y arrive plus », une jeune fille tourmentée par un viol qu'elle n'a jamais révélé à personne, pas même à ses parents.

« Comme s'engager avec ce qu'on a de meilleur dans un monde où règnent les fourbes et les gens sans scrupule ? », un garçon désillusionné.

« Comment supporter de ne pas être belle ? », une jeune fille victime d'autodépréciation.

« L'amour n'est-il toujours qu'une illusion ou est-il possible ? », une fille dont les parents se détestaient.

« Pourquoi devrais-je cesser de me taillader les bras si c'est le seul moyen pour éviter la douleur bien plus profonde qui m'accompagne ? », une jeune fille pratiquant l'automutilation.

« Comment se passionner pour les cours de l'école si les professeurs sont les premiers à ne pas y croire ? » Cette question est, je crois, l'une des plus fréquentes : les adolescents cherchent des témoins de la beauté et pas des enseignants qui n'ont pas de foi en elle.

« Comment fait-on pour croire en Dieu ? » Un nombre extraordinaire d'élèves me pose cette question sans ambages, même devant des centaines de camarades de leur âge.

Les parents sont souvent désarmés, parce qu'ils n'ont pas plus que moi la réponse à la plupart de ces questions, et ils les esquivent donc en se protégeant à travers des procédures, des devoirs, des obligations, des objets. Mais la réponse est déjà dans la question. Le secret, c'est que les adolescents savent qu'ils n'ont pas à supporter seuls le poids de ces demandes, et c'est avec eux qu'on commence le voyage qui conduira à la réponse.

L'adolescence est l'étape de l'informe qui cherche une forme, du chaos qui cherche l'ordre, de l'espoir qui cherche l'expérience et de l'impossible qui cherche le possible. Toi justement, Giacomo, conscient de cette étape comme aucun autre, à travers les personnages de tes *Canti*, tu as donné la forme de questions à l'espérance et à la crainte sans formes, sans donner de réponses, mais en vivant ces questions, sans les étouffer. Ce sont les questions de Sappho et du berger nomade, de Nérine et de Silvia, du passereau solitaire et du voyageur dans la nuit... Tes vers sont des instruments qui aident à affronter la vie de tous les jours, à en habiter les ombres et les lumières, précisément parce qu'ils donnent une voix aux cris du cœur silencieux. Tu as dénoué une espèce de fil d'Ariane dans le labyrinthe de la vie. Et peu importe que le labyrinthe soit complexe : ce qui importe, c'est la force et la longueur du fil qui permet de l'affronter, et la merveilleuse tâche de l'écrivain est de raconter le fil ou le labyrinthe.

Raconte-moi comment tu as fait pour t'avancer dans la vie, malgré toutes les douloureuses contraintes auxquelles elle t'a soumis. Comment es-tu resté fidèle à ton ravissement ? Comment as-tu continué à espérer sans te perdre, écrasé par les limites que t'imposait la vie ? Comment as-tu fait pour garder vivants tous les points d'interrogation de tes poésies ?

Ce malheureux Leopardi

> C'est ce malheur et d'autres bien tristes circonstances que la fortune a disposées autour de ma vie, en me donnant cette ouverture d'esprit [...] et de cœur...
>
> *Lettre à Pietro Giordani*, 2 mars 1818

Cher Giacomo,

Quand je dois entamer la partie du programme qui te concerne, je ne dévoile pas ton identité, mais je dis que l'heure est venue de lire le plus grand poète moderne, un poète qui a transformé toute limite en beauté, et qui a su clairement, à l'âge des adolescents que j'ai en face de moi, que c'était là sa vocation.

Ils me regardent les yeux grands ouverts durant les quelques secondes que dure l'attention à la nouveauté de cette génération, en attendant que je prononce un nom. Mais, du moment où je ne révèle rien, ils commencent à forger des hypothèses. Quand l'un d'eux devine, presque aussitôt une voix ajoute : « Non... Ce foutu Leopardi, non ! » Patience, Giacomo, ils sont jeunes et ignorants : ils empruntent des lieux communs pour avoir quelque chose à dire. Mais tu vois, j'*espère* toujours qu'ils emploieront ce mot, parce qu'il démasque toute la peur qu'il veut dissimuler, cette peur d'une culture pour laquelle, si l'on s'interroge sur le sens des choses, on ne peut être que « foutu », surtout si l'on n'a pas un corps parfait. Étais-tu vraiment un malheureux dont il fallait se tenir à l'écart ? Qui est bossu porte chance, dit-on, mais toi en avais-tu ? Songe qu'il y a des gens qui, pour justifier ta poésie, partent justement de ta bosse au lieu de partir du *ravissement* ! Tu es mort à la suite d'une crise respiratoire provoquée par la compression de ton corps distordu sur ton cœur. Tu n'as jamais trouvé un amour qui corresponde à tes élans. En somme : tu es la quintessence du jeune qu'aucun jeune ne voudrait être. Est-ce vrai, Giacomo ? Te défendras-tu ? Ou dois-je le faire pour toi ?

Tu peux te défendre tout seul, mais je dois réduire l'épaisseur entre la cuirasse de mes étudiants et ta peau. Je dois briser cette armure de peurs qui les empêche de comprendre que ce qu'il faut apprendre dans cette vie, ce n'est pas l'art d'être invincible et parfait, mais celui de savoir être comme on est, invinciblement fragiles et imparfaits. Pour briser cette cuirasse, j'ai besoin d'une arme aiguisée et trempée. Alors je t'empoigne comme une épée et je lis comme si toi-même tu parlais à haute voix avec les bonnes pauses :

C'est ce malheur et d'autres bien tristes circonstances que la fortune a disposées autour de ma vie, en me donnant l'ouverture d'esprit qui me permet de les voir clairement et de prendre conscience de ce que je suis – et [l'ouverture] de cœur pour qu'il sache que la joie ne lui convient pas et que, se vêtant presque d'habits de deuil, il adopte la mélancolie comme compagne éternelle.
(Lettre à Pietro Giordani, *2 mars 1818)*

Qui aurait le courage de dire « foutu » un garçon aussi capable d'accepter et de transformer ses malheurs en tremplins pour ouvrir sa tête et son cœur ? Qui serait capable comme lui d'affronter la vie avec ce courage et de prendre la mélancolie comme compagne de route, et, malgré tout, de créer tant de beauté ? Je m'arrête et je demande : vous réussiriez, vous, à transformer en chant la douleur de la vie, vos échecs, vos inaptitudes ? À vous nourrir de votre destin, qu'il soit plus ou moins chanceux, pour en faire un chef-d'œuvre immortel ?

En entendant tes paroles, le silence tombe. Nous avons compris qu'avec toi on ne plaisante pas, on ne banalise pas. Et c'est ainsi que, par la porte même de ton malheur, nous entrons dans ta grandeur, Giacomo, et je vois ces adolescents se réveiller, parce que chacun de nous cache en soi la chambre du malheur, celle où les fragilités et les inaptitudes sont évidentes. Ils baissent la garde, car c'est ça la tâche de la littérature : rendre l'homme plus vrai et plus authentique, en le dépouillant des mensonges qui l'éloignent de lui-même, de la vie, des autres. Ainsi se réveille la passion assoupie, l'originalité de chacun, et l'on chasse la peur de ne pas être « capable ».

Bien que la grandeur, la beauté, la vie se soient éteintes dans le monde, notre inclination pour elles n'est pas morte en nous. S'il nous est refusé de les atteindre, il ne nous est pas défendu, il n'est pas possible de nous défendre de les désirer. Et, chez les jeunes gens, l'ardeur n'est pas morte qui les pousse à pourchasser la vie, et à mépriser la nullité et la monotonie. (Zibaldone, *1er août 1820)*

Mais ce désir de vie, de bonheur, d'amour, fondement du cœur des jeunes gens (et de tout le monde), est une matière naturelle et inextinguible ; et, quand elle n'est pas orientée vers la construction du monde et de l'espoir, « elle circule et serpente et dévore sourdement comme un courant électrique », écris-tu dans un autre passage de ton journal la même année 1820. Il ne s'agit plus d'un feu qui réchauffe et éclaire, mais d'un feu qui tôt ou tard explosera « en tempêtes et tremblements de terre ». Je vois aujourd'hui avec une grande clarté cette énergie qui se disperse dans le néant. Je rencontre des centaines d'élèves, et des centaines m'écrivent et qui en ont assez de ne pas savoir pour quelle cause jouer cet infini qu'ils sentent dans leur cœur. Ils veulent des projets, non des objets. Alors que nous cherchons à satisfaire leur désir avec des choses, ils requièrent ce que contient le désir : l'espoir de l'impossible rendu possible.

Au fond, peut-être que rien n'a vraiment changé depuis l'époque où tu étais jeune. L'adolescence, selon les garçons et les filles auxquels j'ai demandé de la définir, est une « énergie » qui veut s'orienter vers la vie pour la construire. C'est la première chose que je vois en eux et que tu as si bien définie : une force créatrice qui se libère en trouvant des mots empoignés comme des armes pour faire exploser la douleur ou la joie, pour fuir « la nullité et la monotonie ». Un jour, un adolescent m'a dit : « Quand j'ai achevé la lecture de son livre, une flamme s'était allumée en moi, et je me disais : je veux vivre comme ça. Maintenant il faut que vous m'expliquiez comment cela a pu se produire. »

L'adolescence, c'est ce feu qui ne veut rien d'autre que brûler de passion et de passions, jusqu'à brûler soi-même faute de combustible. Ce feu existe, je l'ai vu. C'est le feu de la vie. Il peut se transformer en destruction et, à la limite, en autodestruction, mais il ne peut être éteint, et, s'il semble parfois s'exténuer et languir, dévoré par le cynisme, le manque d'espoir, il réaffleure plus tard sous des formes explosives ou implosives : tu les appelles « tempêtes et tremblements de terre », et moi : dépendances, violences, fugues, automutilations, suicides, troubles alimentaires…

Cette génération, avant même que des maîtres, veut des témoins, et c'est pourquoi, Giacomo, tu dois m'aider. Les passions se réveillent au contact de la flamme, et non par des modes d'emploi pour allumer le feu, surtout chez ces jeunes qui ne lisent plus les modes d'emploi mais veulent tout de suite jouer, *on fire*, comme on dit dans la langue de Shakespeare.

Enflammer et accélérer l'espérance

Trouvant la route comme ouverte, je m'y précipitais.
Zibaldone, fr. 64, 1819-1820

Cher Giacomo,

Il y a deux autres rites que je mets en scène quand tu fais ton entrée dans mon cours. Le premier est d'ordre théâtral. Je m'amuse à imaginer comment se comporterait un acteur s'il entrait en classe : Dante nous regarderait un à un, sans rien dire, nous jetant tous dans l'embarras avec ses yeux profonds comme l'au-delà. Pétrarque, à mi-voix, se mettrait à parler de lui et de ce qui lui tient à cœur en ce moment. Le Tasse se tordrait les mains et attendrait nos questions, auxquelles il ne répondrait peut-être même pas. Et toi, Giacomo, que ferais-tu ?

Tu ouvrirais la fenêtre, tu regarderais quelques instants dehors en respirant à pleins poumons, puis tu te retournerais et tu nous inviterais à faire la même chose, pour nous rappeler qu'il y a un « dehors » et qu'il est fait de choses comme le ciel, les arbres, les montagnes, les toits, les sons… Dans les limites, un infini bouillonnant. Tu nous raconterais les choses qui ont pu t'enchanter, te ravir, comment tu as cherché toute ta vie à les atteindre dans leur profondeur, en devant d'abord la créer en toi avec les mots adéquats. Tu nous demanderais à quel degré nous sommes de ce contact avec une réalité aussi riche et pleine de possibilités. Tu dévoilerais toute ta passion pour la vie, alors même que ton corps semble te l'avoir refusée. Et nous serions tous saisis d'envie ou d'émerveillement : comment fait-il pour trouver tout ça dans les choses que je vois moi aussi ?

Penché à cette fenêtre, tu nous invites, par ta poésie, au réveil de nos sens, que suffirait à déchaîner une rose qu'on effeuille ou un livre qu'on feuillette avec attention :

Qu'est-ce qui excite ces sentiments dans les hommes ? La nature, parfaitement pure, telle qu'elle est, telle que la voyaient les Anciens : les circonstances, naturelles, non pas délibérément provoquées, mais nées spontanément : cet arbre, cet oiseau, ce chant, cet édifice, cette forêt, ce mont, tout par soi-même, sans artifice, et sans que ce mont sache en aucune manière qu'il doit exciter ces sentiments et sans qu'autrui, sans qu'aucun art, etc., n'y ajoute rien, pour les exciter. En somme, ces objets, la nature par elle-même et par la force qui lui est inhérente, et non point empruntée à quoi que ce soit, éveillent ces sentiments.
*(*Zibaldone*, 1818)*

Mais ce n'est pas seulement le parfum des roses qui est capable de cela, l'odeur des livres l'est aussi. C'est ce qui t'arriva dans les pièces du palais familial de Recanati, où ton regard allait tantôt vers la campagne et tantôt sur les pages d'un livre. La grande bibliothèque paternelle était un continent à explorer, un océan à traverser. Par sa longueur et sa variété, la liste des livres dont tu notais le titre d'année en année sur ton journal m'impressionne toujours : elle révèle ta passion pour tous les aspects de la réalité, ta capacité à aimer la science et la littérature, les étoiles comme objets et les étoiles comme mythes, la lune comme planète et la lune comme mélancolie.

Tu fouillais dans les livres et dans la nuit pour trouver le secret du bonheur et de l'avenir.

Entre treize et dix-huit ans, tu appris seul ou avec si peu d'aide le grec, le latin, l'hébreu, l'anglais, le français, l'espagnol… Non point par obligation : tu n'étais pas tenu à des devoirs et à des interrogations, mais ta curiosité était insatiable, ta passion absolue, au point que, pour chercher le salut, tu te ruinas la santé, comme le font les papillons, qui, d'impatience, se brûlent les ailes en cherchant la lumière… Tu écrivais tes premiers essais, que tu offrais à tes parents, et, pendant que l'encre séchait sur la feuille, tu en profitais pour mémoriser des listes de mots dans les langues que tu voulais apprendre. C'est de ces heures d'étude que sont nées les pages – extraordinaires si l'on songe à ton âge – de l'*Essai sur les erreurs populaires des Anciens*, où l'on comprend par intuition que la recherche de la vérité et la curiosité quant à l'homme était l'étoile polaire de toutes tes lectures. Dans ces années, tu avais commencé à écrire un autre essai, resté inachevé, intitulé *De l'amour de la solitude* et un sonnet *Sur la mort d'Hector*, ta première poésie, inspirée par la lecture précoce d'Homère et dédié à un héros aussi fort que fragile face à un destin inéluctable : les caresses prodiguées à son enfant effrayé par le lustre de son casque restent probablement le chef-d'œuvre de la fragilité héroïque de la littérature. Tu avais aussi entrepris une *Histoire de l'astronomie*, convaincu que les étoiles et la lune étaient signes d'un mystère qu'on ne pouvait ignorer et qu'elles avaient quelque chose à te révéler.

Tu passais des journées entières au milieu des livres de ton père, n'accordant qu'une heure de repos à tes yeux fatigués, et souvent ton frère Carlo te surprenait à genoux devant un livre, au cœur de la nuit, à la lumière ténue d'une chandelle. Tu faisais mine d'avoir découvert des poésies perdues d'auteurs grecs de l'antiquité et tu traduisais un original qui n'existait pas. Dans la lettre où tu décrivais ton ravissement face à la nature, tu parlais aussi de celui que suscitaient aussi en toi les livres et en particulier la poésie :

Depuis que j'ai commencé à connaître un peu la beauté, seuls les poètes m'ont donné la chaleur et le désir extrêmement ardent de traduire et de faire mien ce que je lis ; ce n'est rien d'autre que la nature et les passions qui m'ont donné cette violente frénésie de composer des poèmes, mais de manière forte et élevée, en dilatant presque mon âme en toutes ses parties et en me faisant dire par-devers moi : cela, c'est de la poésie et, pour exprimer ce que je sens, il faut des vers et non de la prose et je dois me donner à la poésie. Ne permettez-vous pas alors que je lise Homère, Virgile, Dante et les plus grands poètes ? Moi, je ne sais si je pourrais m'en abstenir car, en les lisant, j'éprouve un plaisir inexprimable en paroles et, quand il m'arrive si souvent, alors que je suis tranquille et pense à tout autre chose, d'entendre un vers d'un auteur classique que quelqu'un de ma famille récite par hasard, je palpite aussitôt et me vois forcé de courir après cette poésie.
(Lettre à Pietro Giordani, *30 avril 1817)*

La beauté des livres et de la nature te contraignit à accélérer les rythmes de ta vie intérieure, réveillée dans sa vocation la plus profonde. L'adolescent qui a fait l'expérience du ravissement ne connaît pas la fatigue et il est prêt à apprendre même seul ce qui lui est utile pour rejoindre le port de son désir, entrevu dans les mappemondes du possible. De plus, tu avais bien compris que ce ne sont ni les livres ni la nature qui déterminent par eux-mêmes nos passions, et qu'ils sont seulement capables de nous réveiller quand nous nous mettons en contact avec eux :

Quoi qu'il en soit, je me suis aperçu que la lecture des livres n'a pas produit en moi de passions ou de sentiments que je n'eusse déjà [...], qui n'eussent dû naître sans ces lectures ; mais elles les ont accélérés et les ont fait croître plus rapidement [...]. Trouvant la route comme ouverte, je m'y précipitais.
*(*Zibaldone, *1818-1819)*

Tu avais compris que la croissance de l'homme n'est pas seulement organique comme celle d'une rose, mais intérieure aussi : elle connaît des sauts, des réveils, des accélérations. Tu savais combien une douleur, un amour, un rêve, une lecture peuvent « accélérer » un homme, le réveiller et le rendre à lui-même avec une plus grande plénitude.

Quand mes élèves comprennent que, grâce à toi, leurs sentiments, endormis dans les schémas, seront restitués à eux-mêmes et que lire accélère l'accomplissement de soi, ils baissent la garde et sont prêts, enfin, à t'écouter.

Presque un siècle après ta mort est paru un livre que j'aime beaucoup : *Le Meilleur des mondes* d'Aldous Huxley. Imaginant l'avenir, Huxley décrit la façon dont les enfants, qui ne naissent plus dans des familles mais dans des éprouvettes, sont éduqués selon un système de contrôle qui garantit l'équilibre du nouveau monde, fondé sur la consommation. Pour les obliger à détester les deux choses qui minent la consommation continuelle de biens, on les introduit dans des pièces pleines de roses et de livres de couleur ; à peine commencent-ils à feuilleter les pages et à effeuiller les pétales que, du plafond, se déclenchent des alarmes assourdissantes et, du sol, ils reçoivent de douloureuses décharges électriques. Les enfants, rendus fous, fuient en hurlant, s'éloignant des roses et des livres, causes apparentes de la douleur. L'expérience est régulièrement renouvelée : une fois grands, ces enfants se tiendront instinctivement loin de la nature et des livres, c'est-à-dire de la réalité. Parce que – explique le directeur du Centre d'incubation et de conditionnement – contempler la nature et lire des livres sont des habitudes qui n'engendrent pas de consommation.

Cette scène m'a fait penser, par opposition, à l'école comme lieu apte à restituer les roses et les livres aux millions de gamins qui la fréquentent, à casser le mécanisme pavlovien induit par la société de consommation, qui pousse à ne pas prendre en considération la nature et les livres, la réalité et son sens, justement parce que les enfants leur associent souvent des alarmes et des décharges électriques : ennui, désillusions, peurs, obligations insensées et manques de réponses.

Sans roses et sans livres, Giacomo, nous sommes perdus, parce qu'est perdue l'occasion d'éprouver cet émerveillement qui peut déclencher le bonheur. Dans cette bibliothèque qui donnait sur la campagne, dans ces promenades sous les étoiles que tu comptais en les assemblant en constellations personnelles, tu avais trouvé tes livres et tes roses, et tu t'abandonnas à eux jusqu'à perdre la santé, parce que tu ne pouvais renoncer à être fidèle à toi-même. L'espérance est un art qui a son prix.

Conserver l'enfance sans être infantile

> Ne restent vivants jusqu'à la mort que ceux, nombreux, qui restent enfants toute la vie.
>
> *Lettre à Pietro Giordani*, 17 décembre 1819

Cher Giacomo,

Pour que l'adolescence conduise au ravissement, il est nécessaire que soit accomplie l'étape précédente : l'enfance. Si l'on sous-estime ou, pire, si l'on néglige une étape de la vie, on risque de passer son temps à tenter de la récupérer à un autre âge, avec les déséquilibres que cela comporte. Pour vivre pleinement l'adolescence, il faut faire un pas en arrière et découvrir ce que nous ne pouvons perdre de l'enfance, sans pour autant rester infantiles.

Tu m'as écrit que l'enfance d'un homme est comme celle d'un peuple, et que, si l'on minimise cet âge, on minimise toute la capacité créative et la faculté de croissance d'un enfant, d'un peuple, parce que créer et croître sont une seule et même chose. Tu m'as écrit que rien dans l'enfance ne nous est indifférent, et c'est là le secret de cet âge : n'importe quel coin du monde est une maison à explorer, que la pièce qu'on ouvre soit amicale ou non :

Car ce que furent les Anciens, nous l'avons tous été, et ce que fut le monde durant quelques siècles, nous l'avons été quelques

années, je veux dire enfants, participant de cette ignorance, de ces craintes, de ces plaisirs, de ces croyances et de cette activité interminable de l'imagination, quand le tonnerre, le vent, le soleil, les astres, les animaux, les plantes et les murs de nos demeures, tout nous paraissait ami ou hostile, et rien indifférent, rien insensé […], quand les couleurs des choses, quand la lumière, quand les étoiles, quand le feu, quand le vol des insectes, quand le chant des oiseaux, quand la pureté des sources, quand tout nous était nouveau ou peu familier, et que nous ne négligions aucun événement comme étant ordinaire, que nous ignorions la raison des choses, et que nous l'imaginions à notre guise, et qu'à notre guise nous l'embellissions ; quand les larmes étaient quotidiennes, et les passions éveillées, indomptées, qu'on ne les réprimait pas à toute force et qu'elles éclataient avec feu.
(Discours d'un Italien à propos de la poésie romantique)

Quand tu étais enfant, tu aimais à te réfugier dans les combles du noble palais de la *gens leoparda*, où tu jouais avec les lumières et les ombres, masquant avec une couverture la brillante clarté du matin qui entrait par la fenêtre et laissant pénétrer des rayons et des trames de lumière qui, semblable à une toile d'araignée, servait de scène aux personnages d'un théâtre intérieur qui, finalement, pouvait aussi s'extérioriser. Ta recherche de l'ombre dans la lumière et de la lumière dans l'ombre était déjà évidente : tu savais entremêler l'une avec l'autre, et tu sentais que la vérité émergerait de ce jeu crépusculaire. Ton enfance dura jusqu'à l'âge de onze ans, quand tu te réfugias dans la bibliothèque pour dévorer tout le savoir humain, avec une curiosité que tu n'avais jusque-là réservée qu'aux choses de la nature, aux jeux et à tes frères et sœur. Tu étais un enfant au doux sourire, parfois mélancolique, les yeux bleu clair émerveillés, ouverts sur le monde, et donc aussi sur les blessures qui ne se cachent qu'aux regards superficiels. En fait, une des choses que tu ne supportais pas, c'était le moment où tes parents interrompaient tes jeux avec tes amis pour que tu rentres à la maison : la fin de ces heures enchantées t'attristait jusqu'aux larmes et à la prostration. L'imagination pleine des rêves de cet âge, capable de jeu en toute chose, tu la comparerais plus tard à celle des oiseaux, non à cette imagination « profonde, fiévreuse et tempétueuse, comme le fut celle de Dante ou du Tasse, qui est un don particulièrement funeste [...], mais une imagination riche, variée, légère, instable et enfantine » (« Éloge des oiseaux », in *Operette morali*).

Nombre de croissances mutilées de notre époque, Giacomo, dérivent justement, je crois, du fait qu'on ne cultive pas cette imagination chez les enfants, qui sont fatigués de s'en servir parce qu'ils voient trop de choses, fatigués de désirer parce qu'ils possèdent trop, parce que, dans leurs journées, dans leur corps, leur cœur, leur tête, il n'y a plus d'espace. L'imagination dépend de la privation, parce que c'est justement l'être privé de quelque chose qui incite l'enfant à explorer autre chose : si on lui refuse une seconde glace, il sera porté à découvrir le jeu de clés que secoue son père sous ses yeux, à le saisir et à le porter à la bouche, apprenant ainsi à connaître un nouveau petit morceau de réalité, tremplin pour d'autres histoires et d'autres recherches. Le désir se déplace, la privation (tantôt une perte, tantôt un manque) a engendré une demande, la réalité a répondu de manière imprévue, et cela est source de nouvelles créations, de nouvelle croissance.

Pense que, dans le futur d'où je t'écris, quand on veut expliquer aux enfants comment on fait du pain, on les emmène dans un musée de sciences naturelles, dans lequel se trouve reproduit un grand champ de blé

– artificiel, comme l'odeur artificielle du blé, mû par un vent artificiel. Je connais une petite fille persuadée que les œufs naissent sur les étagères des supermarchés. Nous avons perdu quelque chose dans le contact avec le paysage, avec les choses de la nature, qui ne mentent jamais, comme répondit Aristote à qui lui demandait où il avait appris toutes les vérités qu'il savait : « Des choses, parce qu'elles ne mentent pas. » Ce sont les hommes qui mentent et simulent.

Toi, en revanche, durant toute ton enfance, tu te nourris de la beauté et des vérités de la nature, et c'est ainsi que ta poésie est habitée par les objets conservés dans la mémoire avec les couleurs et la pureté de l'imagination de l'enfant que tu étais alors, réponses aux privations que la vie allait t'imposer. Un poète ne s'improvise pas à dix-huit ans, mais, à dix-huit ans, il découvre qu'il veut garder intact le regard enfantin qu'il risque de perdre. C'est pour cela que ta poésie, à la différence de celle de tes contemporains et de tes compatriotes, accueille les choses les plus rebattues, les plus quotidiennes et les plus fragiles : moineaux, bergers, troupeaux, artisans, lune, jeunes filles, jeunes garçons, chansons…

Peu de gens reconnurent ta grandeur, justement parce qu'ils ne savaient raisonner qu'en adultes, et ne toléraient pas qu'on fasse de la poésie avec ces petites choses. Toi, en revanche, en cohérence avec ton enfance, tu faisais de la poésie un acte de fidélité aux choses : tu avais foi dans le quotidien, dans l'instant, comme tout enfant. Tu renouvelas ainsi la poésie, surprenant le temps présent et avenir, trouvant des mots neufs pour les choses de toujours, que tu avais vues enfant et que tu voulais préserver, en les nommant, en les renouvelant comme elles le méritaient, en les rendant capables d'évoquer un paradis perdu, ou peut-être promis. Ta poésie est capable de restituer de l'espérance au sein même de la mélancolie, parce qu'elle trouve et raconte la beauté dont sont empreintes les choses, et personne n'espère s'il ne vit pas avec la beauté à chaque instant, même le plus sombre.

Seule la beauté crée de l'espoir dans le cœur et dans l'âme de l'homme. Elle le fait sous un double mode : majesté et simplicité. Les deux semblent être contradictoires, mais en réalité elles ne sont que deux manifestations de la plénitude, de l'accomplissement, de la floraison de l'être. J'espère chaque fois que le profil d'une montagne se découpe dans l'azur, chaque fois qu'un sourire apparaît sur un visage en en transformant les traits ; j'espère chaque fois que l'horizon de la mer unit la terre au ciel et chaque fois qu'une caresse unit deux personnes montrant, à ce contact, que sa fragilité est une merveille ; j'espère chaque fois qu'un bois touffu semble confier à qui s'y promène le secret de dizaines d'années de patient accomplissement et chaque fois qu'un battement de cils s'accélère sous l'effet d'un émerveillement, d'un amour.

Qu'est-ce qui est plus majestueux qu'une étoile et plus simple que sa lumière ? La vie n'est jamais pauvre, c'est notre regard qui est pauvre, incapable de lire la réalité à plusieurs niveaux, parce que nos espaces intérieurs les plus profonds ne sont pas activés. La réalité ne répond qu'à ce qui lui correspond, et celui qui correspond par excellence à cette majestueuse simplicité, c'est l'enfant.

Comment pouvons-nous cultiver l'imagination pour conserver intact l'enchantement du paradis perdu ou promis ? Comment as-tu fait, Giacomo, pour la garder vivante durant toute une vie, en faisant surgir d'elle chaque vers que tu as écrit ?

On demande souvent à l'écrivain que je suis comment je fais pour inventer tant de choses, personnages, épisodes, trames, intrigues. Où les trouver ? Qu'est-ce qui alimente mon imagination, que la plupart considèrent comme une espèce de puissance magique capable de vaincre la peur de la page blanche ?

La question confond la *fantasia*[1] et l'imagination : la première est donnée à quelques-uns, la seconde à tous ceux qui la cultivent et elle est l'instrument indispensable à la croissance et à la vie, comme l'eau pour une graine. Tandis que les enfants mêlent les deux, les artistes savent les distinguer et puisent davantage à l'imagination, qui est simplement une façon de regarder avec attention en usant pleinement de ses sens : le paysan qui voit une rose dans la graine de rosier a de l'imagination. Imaginer n'est rien d'autre que de poursuivre l'esquisse des choses jusqu'à leur accomplissement, à force de les considérer avec calme à travers les cinq sens. Ce n'est pas une fuite du réel, mais au contraire la pénétration, la pleine immersion dans le réel.

Une lune, un moineau, un troupeau de moutons, une jeune fille, une haie, un buisson de genêt te suffisaient, Giacomo, pour faire sonner le chant de l'univers entier, comme seuls les enfants savent le faire quand leurs balais sont des chevaux, leurs bonnets des casques et leurs crayons des épées.

J'ai entendu parler d'une petite fille du primaire qui avait un comportement hyperactif durant toute la journée et ne se retrouvait avec elle-même que durant une heure : le cours de dessin. Dans cet unique moment d'harmonie entre soi et le monde environnant, elle se plongeait dans son dessin avec un absolu naturel et son corps se blottissait tout entier dans la création artistique. Un jour, sa maîtresse avait annoncé et répété que le

1. Mot complexe en italien, qui peut recouvrir le caprice de l'imagination (ici) comme la plus haute capacité créatrice (Dante).

cours était fini, mais la fillette continuait à dessiner, penchée sur sa feuille comme quelqu'un immergé dans un espace et un temps différents de ceux des autres hommes. La maîtresse, impatientée par ce refus d'obéir, s'approcha d'elle pour voir ce que sa petite élève était en train de faire.

« Je suis en train de faire le portrait de Dieu », lui expliqua la petite, sans lever les yeux de son dessin.

La maîtresse sourit et répondit avec ironie : « Mais Dieu, personne ne sait comment il est fait, personne ne l'a jamais vu. »

La fillette resta silencieuse un instant, puis, tout en continuant à dessiner, elle dit : « Si vous attendez une minute, maîtresse, vous le verrez. »

Dans cette époque où les objets sont produits par des machines, nous avons tendance à tenir pour acquis le processus de création, nous oublions que c'est non seulement dans leur présence, mais aussi et précisément dans la patience, dans la résistance au temps, dans l'histoire des choses, que sont cachées leur valeur et notre possibilité de les comprendre (les aimer et les connaître à la fois) : un peintre ne peint pas ce qu'il a vu, mais ce qu'il verra à la fin, de même qu'un homme aimera la femme qu'il aura appris à aimer. On crée pour comprendre pourquoi l'on crée, et toute difficulté qui s'interpose entre nous et la fin qui a été conçue au début est nécessaire pour donner consistance à l'invisible, pour croître.

Le produit du travail n'est pas plus important que le travail lui-même : c'est ce que savent une mère enceinte, un paysan qui sème, un artiste qui cherche le moyen d'incarner son intuition. Les artistes connaissent, trouvent et découvrent en *faisant*. Comme les enfants, pour lesquels jeu et connaissance du monde sont une seule et même chose. Hélas, l'école les induit souvent à dissocier presque totalement faire et connaître, en les éduquant à une connaissance exclusivement intellectuelle du monde et de l'homme, qui les obligera à récupérer – quand ils seront grands et seulement s'ils ont du courage, du temps et de la chance – un rapport « naturel » avec le monde et l'homme. Songeons seulement à Einstein qui, à l'école, avait de mauvais résultats en mathématiques ou à Picasso qui disait qu'il avait dû, adulte, réapprendre à dessiner comme un enfant.

L'art n'imite pas la nature dans le sens où il chercherait à la copier ; il imite plutôt le processus par lequel la nature croît, en tentant de condenser, de rendre visible et habitable ce qui dans la nature reste souvent dispersé ou dissimulé dans le flux continuel de la vie, « d'autant plus que le poète a choisi les objets, les a disposés dans leur vraie lumière, et qu'avec son art il nous a préparés à en recevoir l'impression, là où dans la nature tous les objets, de quelque espèce qu'ils soient, sont confondus ensemble ; bien souvent on ne s'attarde pas à les voir [...] et, pour qu'ils produisent de tels sentiments, il faut alors aller les prendre à leur façon » (*Zibaldone*, 1818). L'architecture referme l'espace ouvert et nous le rend vivable selon ses propres vues, que nous entrions dans un temple grec, une église romane, une cathédrale gothique, un gratte-ciel moderne. Les toiles de Van Gogh nous permettent d'embrasser en un regard le mystère d'une nuit étoilée. Mozart a arraché au silence son secret et un sens au flux incessant du temps. Les poètes ont inventé des métaphores nécessaires pour nommer des événements indicibles comme un cœur qui brûle, se dilate, se serre, se brise, ou tremble.

Telle est pour moi une de tes plus grandes leçons, Giacomo : tu n'as jamais cessé d'imaginer, c'est-à-dire d'être fidèle aux choses pour les porter à leur plénitude, et donc de créer, parce que tu savais que créer était la façon de comprendre le monde et l'homme, et de les faire croître jusqu'à l'accomplissement, c'est-à-dire au bonheur.

Ou l'imagination retrouvera sa vigueur, et les illusions reprendront corps et substance dans une vie énergique et mobile, et la vie redeviendra une chose vive et non morte, et la grandeur et la beauté des choses paraîtront de nouveau substantielles, et la religion retrouvera son crédit ; ou bien ce monde deviendra une prison de désespérés et peut-être même un désert.
(« Fragment sur le suicide », appendice aux Operette morali*)*

Et si, Giacomo, nous apprenions tous à réaliser cela, notre vie ne serait-elle pas plus heureuse ?

Merci de m'avoir rappelé que l'imagination n'est pas affaire de poètes, mais d'hommes qui font de chaque action une poésie, c'est-à-dire une chose accomplie : un amour fidèle est poésie ; un plat savoureux est poésie ; une explication passionnante est poésie. Cette leçon me sert tous les jours en classe, quand je dois mettre mon imagination au service des visages ingrats de mes élèves, pour voir l'invisible qui se dissimule derrière leur être au monde encore informe. Telle est la poésie de mon métier : imaginer leur accomplissement, en sachant que ce n'est qu'à la fin que je découvrirai ce que j'avais pressenti dans ces chefs-d'œuvre de chair et d'esprit. Ils sont ma bibliothèque d'inédits.

Portrait du jeune homme en artiste

> Ayant commencé à penser et à souffrir dès l'enfance, j'ai suivi le parcours des infortunes de toute une longue vie.
>
> *Lettre à Pietro Brighenti,* 21 avril 1820

Cher Giacomo,

Quand je commence un cours sur un nouvel auteur, je montre son portrait – une photo ou un tableau – et je raconte cette image à mes élèves en associant ses yeux, ses oreilles, sa bouche, son nez, ses cheveux, son front, son regard, à des événements de sa vie, pour aider les adolescents à fixer ces faits sur la chair même de l'artiste, dans une géographie du visage et du corps, une carte de l'âme qui se manifeste et se révèle. Ainsi se rappellent-ils mieux les auteurs et s'en approchent-ils comme nous le faisons nous tous avec les autres : à travers les sens. La représentation devient une puissante allégorie, la carte géographique d'un monde intérieur.

Ton visage de jeune homme de vingt ans, peint sur le portrait que j'ai voulu placer ici, a toujours provoqué chez moi un effet ambigu, et j'ai mis des années à comprendre pourquoi. Il y a quelque chose de double dans cette figure que le peintre a fixé sur la toile. Le visage d'un enfant émerveillé, avec un incarnat qui rappelle la lune des nuits de printemps ou ces papillons dont les

Portrait de Giacomo Leopardi, reproduction du portrait par A. Ferrazzi, XIXe siècle, collection privée. © Mondadori Portfolio/Leemage.

couleurs si légères restent sur les doigts de qui ose les toucher. Une oreille grande, pour accueillir le chant du monde, et située très bas du fait de la hauteur du front. Un nez long et une bouche large et sensuelle, presque féminine. Les yeux bleu clair, teintés de gris et de vert, si grand ouverts sur la lumière qu'ils durent un beau jour s'en protéger. Semblables à une fenêtre ouverte sur une âme prête à sauter d'un bond comme un chat derrière le carreau. Ton front ample, trop ample, occupant presque la moitié du visage, écrin d'un esprit assoiffé et disposé à une curiosité infinie : un cerveau froid, glacé. Un cœur aussi ample, bien qu'invisible, mais manifeste dans la clarté de ces yeux encastrés au milieu du visage, clarté d'eau de source. Oui, car les racines des yeux sont dans le cœur : un cœur chaud, un cœur brûlant. Trop de pensée et trop de cœur pour un seul visage. Les cheveux comme les flammes d'un esprit embrasé. Voilà tout ce qu'on voit dans ce portrait : le petit enfant rêveur et mélancolique que tu avais été et l'adolescent courbé sur les livres que tu étais devenu : papillon crépusculaire qui cherche, à tout prix, la lumière dans la nuit. Tu avais toi-même décrit tes traits dans ces termes :

Mon visage avait, lorsque j'étais petit enfant et même plus tard, je ne sais quoi de languide et de sérieux qui, étant sans aucune affectation de mélancolie, etc., lui donnait de la grâce (et cet aspect dure encore mais transformé en un sérieux mélancolique) comme je le vois dans un portrait plein de vérité qu'on fit de moi à cette époque.
(Souvenirs d'enfance et d'adolescence)

Ta complexion physique, en pleine transformation comme chez tout adolescent, avait subi un coup mortel de ces années d'étude « folle et désespérée ». Mais, dans ce corps ruiné par ces heures passées courbé sur les livres et dans ces yeux fatigués par tant de lectures frémit sans cesse le chercheur d'émerveillement.

En outre, ce qui m'attirait et me repoussait à la fois, sans que j'en comprenne la raison, c'était l'asymétrie des deux moitiés de ton visage. Une asymétrie plus sensible dans d'autres portraits de toi, qui, cependant, ne captent pas aussi bien que celui-ci ce qu'il y a sous la simple surface corporelle que nous portons tous autant que nous sommes. Personne n'a le visage parfaitement symétrique : même Vénus gardait dans l'asymétrie de ses yeux le secret de sa beauté.

Alors je me suis livré à une expérience. J'ai couvert la partie droite de ton visage, en utilisant le nez comme ligne de séparation : j'ai vu là un visage, et j'en ai vu un autre quand j'ai couvert la partie gauche. Cette dernière

– qui a un œil un peu plus petit – est « sérieuse » (comme tu l'écrivais dans tes notes) ; l'autre moitié, en même temps, sourit : un sourire retenu un instant avant de s'ouvrir. Tu avais deux visages, Giacomo. D'un côté, le jeune homme qui, sérieux, étudie, fixe le regard, accorde son attention à tout et brûle, avec la scrupulosité de l'esprit, avec toute la mélancolie que cela implique, la solitude du passereau solitaire, du berger errant et de l'Islandais en voyage vers le mystère ultime du monde. De l'autre, l'enfant plein de joie, s'élançant vers l'infini, assoiffé de plaisirs et de ce joyeux désir de la vie qu'ont en commun la « donzelletta », le « garzoncello » et la fraîche Silvia[1].

Mon métier d'enseignant m'a entraîné à « écouter les visages », parce qu'ils révèlent la vie intérieure des êtres. Les deux moitiés de ton visage montrent deux âges : l'enfance et l'adolescence. Deux zones, le front et les yeux, montrent deux vies : celle du cœur et celle de l'esprit, la première en quête de beauté avec son télescope, la seconde en quête de vérité avec son microscope. Deux tâches profondément sérieuses pour une vie entière. Tout cela me donne le sentiment d'être très proche de toi, puisque l'asymétrie de ton âme, peinte sur ton visage, est aussi la mienne. Et peut-être celle de tout homme.

C'est pour cela que tu deviens vite l'ami de qui te lit, grâce à cette beauté fragile et boitillante, ce mélange d'émerveillement et de mélancolie, d'enchantement et de désillusion qui habite nos cœurs et nos esprits. Ton asymétrie est l'opposition polaire de qui ne veut pas seulement illuminer la vie par la raison, mais la

1. Les deux premiers personnages (la « petite demoiselle » et le « garçonnet joueur ») renvoient au *Samedi du village*, le troisième à *Silvia*, deux des pièces les plus célèbres des *Canti*.

sentir tout entière avec le cœur. Ton portrait dit clairement que nous oscillons continuellement entre les deux pôles du cerveau et du cœur, et que dans ce mouvement sont tapis le péril, le mystère et la grandeur de notre vie.

Tu cherchais à tenir ensemble ces deux pôles qui, depuis toujours, disjoignent l'âme et le corps de l'homme. Tantôt tu suivais ton cœur et tu t'avançais dans ses domaines et tu découvrais que tu avais besoin de la raison, pour ne pas risquer de te perdre dans une vie purement imaginaire. Alors tu suivais la raison et tu découvrais des déserts qui avaient besoin d'être arrosés par quelque chose qui échappe toujours à la seule raison. Tu découvrais que la vie vit de tensions entre ces deux pôles, du nécessaire et incessant courant qui les relie. Et qu'au milieu il y a notre corps et notre esprit qui se compriment, qui s'évanouissent dans la fantaisie ou s'effritent contre la dure réalité. Raconte-moi donc comment tu as fait pour appartenir à ces deux mondes à la fois et à en créer un nouveau. Comment faire pour ne pas mourir de la réalité ? Comment faire pour ne pas s'évanouir dans l'imaginaire ? Comment faire pour tenir à la fois le cœur et la raison, en évitant les bas-fonds du cynisme et les sables mouvants du sentimentalisme ?

Tu savais bien que l'époque à laquelle tu vivais courait le risque de la disharmonie entre raison et cœur, l'un et l'autre prévalant tour à tour. Tu ne méprisais pas le siècle des Lumières, et même tu t'en faisais le soutien, mais tu ne réduisais pas la raison à la pensée calculatrice, vouée à l'utile et au pragmatisme aveugle, une pensée qui s'était séparée de la capacité à contempler et à s'émerveiller. Tu écrivais, en effet, qu'il fallait de nouveau libérer son cœur, par l'espérance (que tu appelles « illusions », dans une acception différente de la nôtre, plus proche du rêve, du désir, de l'élan), au risque de tomber dans la férocité et la barbarie :

Les illusions sont dans la nature, elles sont inhérentes au système du monde, et, une fois qu'on les retire tout à fait ou même partiellement, l'homme est dénaturé ; tout peuple dénaturé est barbare, les choses ne pouvant plus aller comme le veut le système du monde. La raison est une lumière ; la nature veut être éclairée par la raison, mais non pas incendiée. [...] Et la raison nous faisant aimer notre utilité personnelle et nous privant des illusions qui nous lient les uns aux autres dissout complètement la société et rend les êtres féroces.
*(*Zibaldone*, 1818)*

En réaction contre les Lumières croissait en Europe la rébellion romantique, qui versait dans le fantastique et même l'irrationnel. Toi, au contraire, tu cherchais l'harmonie dont avait parlé Dante en forgeant l'expression « *intelletto d'amore* », une intelligence amoureuse ou un cœur intelligent, pourrions-nous dire aujourd'hui. Tu combattais contre le dualisme exsangue qui, deux siècles plutôt, grâce à son général, Descartes, avait exilé les sentiments dans une zone résiduelle du corps humain, comme s'ils étaient la sécrétion fâcheuse d'une glande, et avait institué la dictature de la raison. Pour toi, c'était là de la barbarie, parce que Descartes avait éliminé les illusions, qui sont justement la recherche de l'infini à quoi oblige l'observation passionnée de la réalité.

La poésie était le soin adapté tant à la froideur qu'au sentimentalisme, les deux conséquences immédiates de la guerre entre raison et cœur. La froideur d'un grand nombre qui, dissimulée derrière une rhétorique creuse et ampoulée, avait confiné la réalité dans un coin et l'y avait oubliée. Et le sentimentalisme de beaucoup d'autres, piégés par un subjectivisme émotif, qui finissait par endormir cela même qu'on voulait réveiller. Tant les premiers que les seconds étaient prisonniers de la tyrannie de l'égo, incapables d'accueillir la réalité.

Toi, tu savais qu'il fallait redonner au cœur sa dignité – en le réveillant de la léthargie dans laquelle on l'avait jeté – en construisant un rapport nouveau avec les choses de la nature. Tu savais que, pour sauver la raison, il fallait d'abord recouvrer le cœur : s'il n'y a pas deux pôles, il ne peut y avoir de tension, aucune énergie ne peut naître. Ce que ton visage avait révélé devait maintenant être confirmé par les mots.

Pour faire plus aisément accéder mes élèves aux auteurs, et rendre les œuvres plus « transparentes » aux adolescents habitués à conserver leurs musiques et leurs souvenirs dans des *clouds*, je m'amuse parfois à prendre leurs mots et à les introduire dans un logiciel qui en traduit la fréquence sous la forme d'un « nuage ». Je l'ai fait avec ton œuvre, tu me pardonneras, et voilà ce qui est sorti de tes poésies :

Vie, terre, temps, jour, cœur (« *core* », « *cor* », « *petto* », qui sont pour toi la même chose et qui devraient donc être additionnés), *nature, mort, lune, monde, yeux, ciel,*

toujours, toi, destin. Il y a là toutes les paroles de ton âme et de l'âme des hommes, toutes les paroles que ton époque était en train de perdre. La poésie intercepte d'abord ce que l'homme risque de perdre, parce qu'elle en sent d'emblée la nostalgie. Elle répare toujours les mots désarmés, ruinés, oubliés, et elle le fait en avance, voilà pourquoi elle est toujours hors du temps. Chaque époque concentre son attention sur quelques mots, et elle en est comme obsédée. Cela se produit parce que l'époque est en train de perdre la chose nommée et qu'elle en perçoit déjà le manque.

La disharmonie entre le cœur et la raison devait être rééquilibrée et réparée : sans cela, le prix à payer aurait été la folie. Une pensée sans cœur est folle, tout comme est fou comme un cœur sans pensée. Les lumières que tu acceptais n'étaient pas seulement celles de la raison des Lumières, mais aussi celles des étoiles, dont la clarté pouvait capter ton cœur dans tes promenades nocturnes.

Arrivé à ce point, il serait beau, Giacomo, que chacun puisse former son « nuage ». Si je devais composer le mien, je trouverais des mots semblables aux tiens, et c'est pourquoi nous nous écrivons depuis si longtemps : parce qu'avec tes mots j'ai trouvé le visage de tant de choses invisibles qui vivaient dans mon âme : la beauté, le cœur, la mélancolie, l'héroïsme, la douleur, l'amour, la vie, les yeux, le destin, les étoiles, le vent, la nuit… Merci, Giacomo, pour m'avoir procuré les mots me permettant de regarder aux bons endroits, dans les recoins cachés, les mots pour me raconter, pour me connaître, pour être. Les mots pour accepter que je suis, comme toi, un inguérissable blessé.

Il n'y a pas d'*Infini* sans la haie, mais il n'y a pas de haie sans infini

> Pour l'homme sensible et imaginatif qui vit comme j'ai vécu longtemps, ressentant et imaginant sans cesse, le monde et les objets sont, en quelque sorte, doubles. Triste est la vie qui ne voit, n'entend, ne ressent que les objets simples, ceux-là seuls dont les yeux, les oreilles et les autres sens reçoivent la sensation.
>
> *Zibaldone*, 30 novembre 1828

Cher Giacomo,

L'excès d'espoir chez l'adolescent permet de prendre l'élan nécessaire pour sauter les obstacles qui nous séparent de l'infini. C'est ce que je vois quand j'observe ta graphie, en particulier dans le manuscrit de ta poésie la plus célèbre. Ta cursive ample, espacée, signale la recherche de sens et l'ouverture au réel, tandis que les lettres verticales inclinées révèlent ta nostalgie de l'infini. Le *ductus* soigné de la calligraphie tente d'enchâsser ces excès, comme on le fait d'une pierre précieuse montée en bague :

L'Infini *(1819)*

Toujours j'aimai ce petit col sauvage
Et cette haie qui, presque tout autour,
Prive les yeux du lointain horizon.

Mais, assis là, contemplant, des espaces
Sans nulle fin, sans terme, de surhumains
Silences, une quiétude si profonde,
Je me forme en l'esprit, où peu s'en faut
Que le cœur prenne peur. Et comme j'ois
Le vent bruire parmi les feuilles, cet
Infini silence-là et cette voix,
Je les compare, et me vient l'éternel
Et les mortes-saisons, et la présente,
Vivante, et sa rumeur. Ainsi, dans cette
Immensité s'égare ma pensée,
Et naufrager m'est doux sur cette mer.

Toi seul, Giacomo, as réussi le miracle d'enclore l'infini en quatorze hendécasyllabes plus un. Tu as employé le mètre du sonnet – forme parfaite de la poésie italienne née six siècles plus tôt, pour enfermer dans quatorze vers le secret du cosmos –, comme haie, comme seuil qui projette vers l'au-delà. L'adolescent découvre la limite et se précipite contre elle pour la détruire et la dépasser. Il ne sait pas encore que c'est justement cette exclusion, cette privation de l'infini, qui n'est que pressenti, qui engendre le désir d'au-delà : pour pouvoir être atteint, l'infini doit d'abord être blessé, limité, bouché. Habiter la limite, la franchir par la force de l'imagination, lutter pour un nouvel accomplissement, voilà ce que tu m'as enseigné. De fait, à la mesure codifiée du sonnet, tu ajoutes un vers que tout le monde connaît par cœur : le vers du naufrage heureux, du dépassement, de l'infraction juvénile ou du désir qui utilise la limite comme tremplin, le destin comme destination. Tout est contenu dans ce vers 15 : le naufrage dans l'au-delà, par la force de l'imagination.

Mais ton jeu rythmique (rythme veut dire nombre) ne s'arrête pas là. Tu t'amuses à mettre la raison et le cœur au centre du sonnet : la pensée au vers 7 et le cœur au

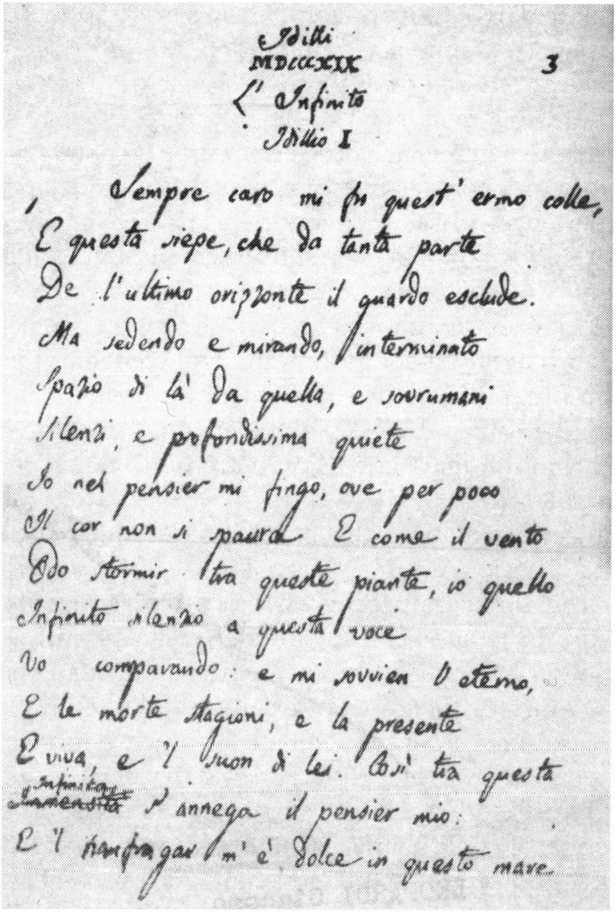
Idilli
MDCCCXIX 3
L'Infinito
Idillio I
Sempre caro mi fu quest'ermo colle,
E questa siepe, che da tanta parte
De l'ultimo orizzonte il guardo esclude.
Ma sedendo e mirando, interminato
Spazio di là da quello, e sovrumani
Silenzi, e profondissima quiete
Io nel pensier mi fingo, ove per poco
Il cor non si spaura. E come il vento
Odo stormir tra queste piante, io quello
Infinito silenzio a questa voce
Vo comparando: e mi sovvien l'eterno,
E le morte stagioni, e la presente
E viva, e 'l suon di lei. Così tra questa
~~Immensità~~ Infinità s'annega il pensier mio:
E 'l naufragar m'è dolce in questo mare.

Giacomo Leopardi,
extrait du manuscrit original *L'Infini*, 1819. Diocesan Civic Museum and Museum of Leopardi Manuscripts, Visso.
Reproduit avec l'aimable autorisation du ministère de la Culture.

vers 8. La pensée au milieu exact de l'ancien sonnet, et le cœur au vers 8, qui excède le milieu, tout comme le vers du naufrage est excédent. L'excès du cœur ne peut contenir dans la forme du sonnet, il s'échappe, parce que dans l'homme il y a un au-delà qui fait « prendre peur » au cœur et contraint la pensée à « *fingere*[1] », c'est-à-dire à imaginer l'au-delà des choses.

Prendre peur[2], Giacomo, c'est le verbe de l'homme qui se trouve au contact avec quelque chose qui le dépasse, l'expérience du sacré engendre à la fois l'émerveillement et l'effroi, le mystère qui fascine et fait trembler, disent les experts. Le cœur s'effraie, c'est-à-dire qu'il fait l'expérience du mystère, qu'il se sent au contact de l'infini d'avoir en soi l'infini, qu'il se reconnaît parent de l'infini, parce qu'il est justement lui-même la haie à surpasser ; mais il n'est pas seulement la haie, ni tout à fait l'infini, mais la tension entre deux pôles : chair et esprit.

Et l'infini, d'abord distant et indiqué dans le cours de la poésie par des démonstratifs d'éloignement (« *quello* »), se rapproche avec des démonstratifs de proximité (« *questo* »), de même que « *cet* infini-*là* » devient « *cet* infini-*ci* » : il est à portée de main. Pensant que l'infini est dehors, on découvre qu'on l'a à l'intérieur de soi. La pensée se noie et le doux naufrage du dernier vers est celui du cœur et de la pensée unifiés par l'imagination. Le rêve romantique épouse le rêve juvénile, le cœur s'ouvre et se trouve prêt à reprendre l'espace que la raison lui a soustrait, une raison qui n'est pas seulement calculatrice, mais vibrante et amplifiée par ce qui est le mystère, par ce qu'elle ne réussit pas à dominer.

Mais, pourquoi, cher Giacomo, est-ce que je vois aujourd'hui tant d'adolescents, à l'âge fait pour « imaginer » l'infini, presque incapables de concevoir un

1. Feindre, former, imaginer.
2. « *Spaurire* », par allusion au vers 8.

« au-delà[1] » ? Leur désir semble atrophié, et pourtant ils peuvent entrer en contact avec beaucoup plus de choses qu'on ne le pouvait autrefois : la bibliothèque dans laquelle tu te perdais, la nature où tu te promenais, sont pour eux désormais dans leur poche, dans leur portable. Peut-être que ce contact, ne connaissant ni obstacles, ni haies, ni limites, est seulement une contagion par proximité. Les sens sont réduits à la seule vue, exaltée jusqu'à l'hypnose, piégés (le réseau, c'est ça aussi) par un écran, qui nous porte à habiter une cage de verre, comme l'a dit quelqu'un, au lieu d'habiter le monde. Or si l'on est privé des sens, il ne saurait y avoir de sens, parce qu'il n'y a pas d'intelligence. Borgès l'avait pressenti quand il racontait l'histoire de l'empereur mégalomane qui prétendait obtenir de ses géographes une cartographie toujours plus précise de son immense empire, sous peine d'en perdre la vie. La manie de « contrôler » son règne virtuel le poussa à requérir la carte apparemment la plus parfaite, à l'échelle 1/1 donc ! Pour ne pas être mis à mort, les cartographes se jetèrent dans cette entreprise, jusqu'à ce que deviennent inutiles tant la carte que le royaume qu'elle recouvrait tout entier. Et c'est ainsi que périt l'empire.

Notre boulimie d'informations a diminué la sagesse, c'est-à-dire la capacité à aller en profondeur : la « connexion » permanente est un séduisant succédané qui nous enferme dans un éternel présent. Nous avons notre carte à l'échelle 1/1 en version smartphone (que j'aperçois jusque dans les poches des enfants de primaires…), et nous regardons autour de nous, dépaysés, espérant que quelque forme humaine nous indique la direction pour rentrer à la maison ou, simplement, pour nous sentir chez nous où que nous

1. Il ne s'agit pas de l'au-delà religieux, évidemment.

soyons. Je ne veux rien diaboliser, j'aime ce monde et ces outils, mais, si nous ne savons pas comment nous en servir pour naviguer sur l'océan de l'existence, ils finissent par devenir nos maîtres, au lieu de nous aider à avoir prise sur la réalité. Le monde n'est habitable que pour qui cultive sa vie intérieure, qu'il ait les mains ou un smartphone dans les poches. La connexion immédiate avec le monde entier, sans en sentir le poids, la consistance, l'odeur, la saveur, la rumeur et le travail, affaiblit la possibilité de s'émerveiller et donc le ravissement, et elle met surtout en péril la capacité à se sentir partie intégrante de l'histoire, avec la profondeur du passé et son ouverture sur l'avenir. Le puissant sentiment de nouveauté et d'inédit qui commence à tracer son chemin parmi les adolescents se traduit tantôt en renoncement, tantôt en fanfaronnades inconsidérées, deux manifestations d'une fragilité réprimée, et non acceptée comme un tremplin.

Tes mots, Giacomo, sont à l'échelle exacte pour revenir à la réalité et à sa complexité, aujourd'hui plus que jamais, pour se poser face au monde, sans être dévoré par lui. Ta parole est la carte géographique que j'ai plusieurs fois employée pour m'orienter, interpeller et interpréter la réalité.

Un autre poète, au xxe siècle, se demandait : « Où est la Vie que nous avons perdue en vivant ? Où est la sagesse que nous avons perdue en sachant ? Où est la connaissance que nous avons perdue dans l'information ? » (T. S. Eliot, in *Le Roc*). Il savait que la poésie atteint cette région intérieure de l'homme où nichent ses principales orientations existentielles, desquelles dépend la vie.

L'hypervisibilité du monde contenu dans nos écrans de poche élimine tout seuil et toute limite : elle ne crée pas, comme la haie du poème, une privation momentanée de l'au-delà qui engendre du désir, mais des émotions superficielles qui rassasient sans nourrir, qui marquent l'esprit mais sans compréhension. Une fois éliminé la négativité de l'obstacle, l'imagination s'éteint, se retire, parce que l'espérance habite justement dans l'espace indéfini. Les nuits éclairées *a giorno* par la pollution lumineuse ne laissent plus rien aux constellations et à leur histoire ; les villes, perpétuellement agitées, accablées sous le bruit, oublient le silence qui oblige le cœur à devenir intelligent. C'est le désir qui active l'imagination, qui rassemble ma pensée et le cœur, mais, dans le contexte actuel, le désir, aussitôt satisfait, est réduit à un besoin toujours prêt à consommer. L'habitude d'avoir tout à portée de main désaccoutume de la recherche longue et patiente de l'infini, quels que soient l'être ou l'objet qui en est l'écrin.

Cher Giacomo, toi, aujourd'hui, tu parviens à rallumer l'imagination assoupie, le cœur fatigué, la froide raison.

Comment y parviens-tu ? En déplaçant les choses, toutes les choses que tu vois, de quelques centimètres, de sorte qu'elles ne soient plus aussi précises, nettes et atteignables, à deux dimensions, comme avant, mais tremblantes, iridescentes, distantes et nouvelles. Tu as ajouté la dimension du cœur, la troisième dimension, celle qui donne la profondeur, celle de la vie intérieure : « Ainsi dans cette / immensité s'égare ma pensée… » Les choses prennent des contours indéfinis (il y aurait tant à dire sur ta poétique de l'indéfini, si souvent réduite à un stratagème esthétique) et se mettent à vibrer, comme ce qui se passe avec les étoiles, pour toi toujours « vagues[1] », c'est-à-dire belles parce que lointaines. Un instant suffirait pour qu'on les perde, et en ce même instant on se met à les désirer, à les imaginer,

1. « *Vago* », en italien, a les sens de « vague » et de « beau, charmant ».

à envisager la façon de les rejoindre, à espérer. Toute chose est en même temps pour toi cette chose et sa possible perte.

Alors la parole poétique, maison du désir, protège le mystère et cherche à sauver les choses de la chute éternelle, de la ruine, de l'effondrement, comme il advient pour toutes choses, y compris celles que nous voudrions les plus durables, celles dont le cœur sait (mais qui le lui a appris ?) qu'elles ne doivent pas finir.

Qu'est-ce que la poésie sinon le chant de ce qui ne doit pas finir ? Comme un rite de résurrection, comme l'espérance même que tout puisse être sans cesse renouvelé, quand la poésie se met au service de la beauté fragile du monde.

Voilà ton secret, et un secret qui n'est point éphémère, Giacomo : la limite, c'est la maison de l'infini. Ainsi vas-tu en quête du mot qui relance le désir et l'espérance. Il doit bien y avoir un paradis perdu, puisque la parole poétique cherche à le récupérer, à le réparer. C'est justement le mot impossible, celui que tu cherches pendant des mois (que de corrections sur tes manuscrits !), qui trahit le mystère, et le seul fait que tu aspires à le nommer est le témoignage qu'il existe. Moi aussi, j'écris parce que je voudrais que le monde soit à la hauteur des désirs de mon cœur, qui aspire, parfois malgré moi, à un paradis. À coups de mots, je cherche à le faire émerger, ce paradis, à lui donner la possibilité d'exister. Et j'insiste et j'insiste, tandis que la vie résiste et résiste. Parfois je voudrais ne pas aimer autant la beauté et pouvoir me contenter de beaucoup moins, mais je sais que je ne serais plus moi-même. Je ne supporterais pas une vie sans passion pour la vie.

Ce n'est qu'en récupérant le mystère infini que nous restituerons à l'espérance son audace, que nous nous reprendrons à aimer et à sentir la vie comme le fait un adolescent. Il m'est arrivé de le percevoir de façon très nette lors de certains voyages que j'ai faits en Angleterre avec des élèves provenant de toute l'Italie. Chaque jour, après le déjeuner, je les rassemble en cercle sur le gazon du collège où nous logeons et, sous un arbre centenaire (nous avons baptisé ce moment « *Under the tree* »), chacun à son tour, en quinze minutes, raconte sa principale passion, dans le silence de la campagne et sous les regards curieux de tous ses camarades : comment est né ce ravissement, qu'est-ce que cette passion implique, quelle part du monde porte-t-elle avec soi. C'est un beau défi pour chacun des élèves : quelle passion est la mienne ? Comment la raconter ? Les autres écoutent, souvent ravis, et posent des questions parce que, quand quelqu'un raconte quelque chose qu'il aime et qu'il connaît, tout devient immédiatement intéressant. C'est ainsi qu'à mon tour je me suis passionné ou du moins intéressé à toutes sortes de choses : le rap, les drones, des groupes de rock, la pêche sous-marine, des personnages littéraires, des films... Dans ces moments de paix dans la campagne d'Oxford, j'ai vu combien de curiosité et d'espoir peut habiter un cœur et un esprit encore en formation. J'ai observé que celui qui raconte recueille toujours des applaudissements spontanés : il s'est lancé dans le jeu et a dévoilé le jeu d'être au monde avec passion. Qui reçoit ces marques de reconnaissance apprend qu'une passion est aussi un service qu'on rend aux autres et non une stérile auto-affirmation.

À présent, Giacomo, je veux te faire savoir que les raccourcis scolaires définissent cette période de ta vie comme celle du « pessimisme historique », parce que tu affirmes que c'est l'Histoire qui jette dans le malheur l'homme, lequel est par nature destiné au bonheur. Selon toi, une fois dépassés les liens contingents de ton époque, une fois retrouvée la condition idyllique du rapport avec la nature, toute chose sera de nouveau heureuse et grande. À mes yeux, c'est là tout autre chose que du pessimisme (catégorie psychologique tout à fait insuffisante pour désigner la nostalgie de l'au-delà) ; ce n'est du pessimisme que si l'on s'en tient à l'analyse du symptôme que tu veux guérir ; mais qui veut guérir n'est certainement pas un pessimiste. Moi, je définirais plutôt cette attitude comme réalisme, tension positive de l'homme tout entier, bon sens, recherche d'accomplissement. Comment pourrait être pessimiste quelqu'un qui dit : pour atteindre la cime, on doit se libérer des choses inutiles qu'on porte dans son sac à dos ? Au début, cela peut perturber notre anxieux souci de sécurité, mais, une fois qu'on a allégé son sac à dos et qu'on s'est remis avec élan en marche, on pensera par-devers soi : « C'est une idée géniale ; je n'y avais pas pensé ». J'aime le mot « génial » employé de cette manière, et non dans le sens romantique et enflé qui désigne un personnage élu dépositaire de vérité destinée à quelques-uns. Non, toi, Giacomo, tu es génial dans le sens où tu « génères », tu fécondes la vie des autres et en élargis les perspectives. Mais n'allons pas trop vite. Comment l'as-tu conquise, cette perspective si claire ? D'où t'est venue cette idée géniale ? Comment faire pour ne pas rester écrasé par la limite mais, au contraire, y voir l'infini auquel elle renvoie ?

Âge érotique et héroïque

> J'éprouve un immense désir, peut-être insolent et excessif, de gloire.
>
> *Lettre à Pietro Giordani*, 21 mars 1817

Cher Giacomo,

On ne désire rien que si l'on en éprouve le manque. C'est cela, être une graine. C'est cela, être adolescent. Mais c'est aussi la définition que Platon donne d'Éros dans son dialogue sur l'amour, où il l'imagine comme un *daïmon* né de Poros (Abondance[1]) et Pénia (Pauvreté), et le décrit comme pourrait l'être n'importe quel adolescent : « Il est toujours pauvre, et loin d'être délicat et beau comme le croient la plupart, il est rude au contraire, il est dur, il va pieds nus, il est sans gîte [...], et le besoin l'accompagne toujours. » D'autre part, « comme son père, il recherche le beau et le bon, il est fort, audacieux, grand chasseur ».

Cette condition de suspension entre divin et humain, entre fini et infini, est ce qui caractérise l'adolescent et le pousse, avec une faim et une audace héroïque, de chasseur, à se procurer ce dont il a besoin pour vivre, pour être heureux.

1. Plus précisément, « *poros* » signifie « passage maritime », d'où « ressources, revenus ». De plus, chez Platon, Poros est fils de Métis, la Prudence, la Ruse, et en effet c'est par ruse que Pénia s'unit à Poros.

Tu m'as appris, cher Giacomo, qu'il n'y pas âge plus « érotique » et donc plus « héroïque » que l'adolescence : le désir d'avoir prise sur la vie pousse à s'ouvrir le monde, en quête de ce qui pourra étancher la soif. Si cette ouverture, pleine d'espérance, trouve un sens auquel se vouer, l'élan érotique ne se replie pas sur soi-même, en devenant narcissique ou éteint, mais se transforme en héroïsme, courage, et même disposition à souffrir.

Un jour, à la fin d'un cours sur Ungaretti dont j'étais particulièrement fier (par parenthèse, Ungaretti est un poète qui a écrit sur toi quelques-unes des plus belles pages qu'on puisse imaginer), une de mes élèves a levé la main. M'attendant à une belle question, je me suis entendu dire : « Monsieur, vous devriez lire un peu moins de poésie et regarder un peu plus le "Grande Fratello"[1] » (je n'ai pas le temps de t'expliquer de quoi il s'agit ; sache seulement que c'est le contraire de la poésie : un endroit où l'on voit tout de la vie de quelques personnes et où l'on finit par ne plus rien voir parce qu'il n'y a plus de mystère et de profondeur). Cette phrase me toucha, non tant à cause de son insolence que par la vérité brûlante dont elle faisait montre, car elle signifiait : « Monsieur, pouvez-vous, s'il vous plaît, revenir dans le petit monde des laideurs et ne pas me faire sentir que la beauté existe ? Pouvez-vous ne pas me contraindre à choisir entre l'être et le rien ? Maintenant que je sais qu'il existe des choses dans lesquelles on peut éprouver la vie si fort, et des choses aussi belles, dois-je sortir de ma commode indifférence et prendre position : à quel point suis-je arrivée de mon accom-

1. Littéralement le « Grand Frère » (traduction du *Big Brother* orwellien), *reality show* lancé en 2000, qui fut extrêmement populaire en Italie et dont le correspondant français est « Loft Story ».

plissement ? Qu'est-ce que je veux de la vie ? S'il vous plaît, Monsieur, pouvez-vous m'éviter ces minutes de ravissement, sinon je devrais me mettre en route vers l'accomplissement de moi-même. »

Fort de mes années d'expérience dans l'enseignement, cher Giacomo, je ne crois pas qu'il soit fortuit que les jeunes se sentent justement mis en péril par la poésie. Cela se produit parce que l'unique « théorie du tout » que l'homme possède est justement la poésie. Non pas la poésie des compositions en vers, mais *la* poésie, c'est-à-dire l'intuition de la « vie comme tout », le sentiment de la fragilité et de l'originalité de l'existence, qui requiert qu'on l'affronte avec sérieux et courage, même si en prenant la parole on encourt la douleur, la défaite, la solitude. Ne jamais renoncer à la poésie – même quand il semblait que la vie ne tenait pas ses promesses – a été ton véritable acte héroïque et l'acte d'amour le plus grand que tu aies accompli.

La poésie de la vie n'est pas un sentimentalisme douceâtre, mais un éros puissant, passionné et résistant, fait pour nous montrer que tout est pour nous, que tout nous est destiné, comme lorsque nous tombons amoureux et que le monde n'est plus alors que le décor où se meut l'autre, le tact le lieu pour le percevoir, les yeux le moyen pour le regarder, les oreilles pour en entendre la voix, le nez pour en sentir l'odeur, la bouche pour en connaître la saveur.

La poésie de la vie, son sentiment puissant, se dévoile à moi chaque fois que je commence avec mes élèves l'atelier de poésie. Avant même d'essayer de leur faire écrire des poèmes, je dois les éduquer à la poésie comme manière – érotique et héroïque – d'être au monde. Je dois leur faire comprendre que ce n'est pas un petit jeu sentimental pour gens oisifs ou naïfs, ou un travail stérile imposé par l'école, mais un exercice d'émerveillement et presque une façon d'avoir prise sur la vie ou d'accepter que la vie ait prise sur nous, en découvrant des choses qui, sans cela, seraient restées cachées. C'est pourquoi l'atelier commence par des exercices répétés d'usage des cinq sens, comme les exercices d'entraînement sportif qu'on fait régulièrement pour divers muscles. Je leur demande, par exemple, d'observer le visage d'un (ou d'une) camarade durant trois minutes et de le décrire sur le papier (c'est l'origine d'amitiés nouvelles et même de quelques histoires d'amour…), d'écouter une mélodie et d'essayer de la transformer en images et en mots, de humer diverses fleurs en cherchant à déterminer les composantes de leur parfum, de toucher des objets inconnus dans une boîte et d'en décrire chaque détail, de goûter les yeux fermés à certains mets ; je les invite aussi à faire des exercices de silence chez eux (dix minutes, sans un mot, les yeux fermés, en concentrant son attention sur quelque chose qui les a frappés durant la journée), à associer une émotion à l'événement qui l'a causée et aux pensées qui s'y sont liées… Ce sont tous des exercices pour « aller au-delà », pour découvrir que la réalité est plus profonde que sa surface et qu'en la laissant entrer en nous à travers les sens et en l'interrogeant avec l'esprit et le cœur, elle nous révèle le secret de l'instant plein et riche, pour éviter ce que Montale[1] a défini comme « les désillusions de qui croit que la réalité est la réalité que l'on voit ».

Puis je leur demande d'écrire des poésies fondées sur l'attention absolue prêtée à la réalité ; les détails de leur retour du lycée à la maison, suivi de la lecture de *Città vecchia* di Saba[2] ; les détails dans la silhouette d'une

1. Eugenio Montale, un des très grands poètes italiens contemporains.

2. Umberto Saba, autre très grand poète du XXᵉ siècle italien.

personne qu'ils aiment, comme leur mère, avec lecture de *Per lei* de Caproni[1] ; les détails qui apparentent leur identité profonde à un animal, avec lecture de l'*Albatros* de Baudelaire ; les émotions du dimanche après-midi, vers le crépuscule, avec lecture de ton *Soir du jour de fête*... Le jeu fonctionne à chaque coup.

De plus, les jeunes comprennent combien il est difficile d'arracher la vie à la vie, par l'attention et avec des mots, et le texte d'un poète lu après ce travail les frappe comme un éclair de beauté et les inspire, parce que le poète a réussi à dire d'une manière « inévitable » ce qu'eux-mêmes n'ont fait que balbutier. Et, avec cette méthode d'être au monde, qui correspond si bien à la façon dont les adolescents se révèlent, je les vois s'ouvrir et se transformer, toucher un instant le cosmos des choses à travers celui des mots. Alors ils commencent à avoir soif de ces mots parce qu'ils disent la vérité, et qu'ils ne subissent pas l'apprentissage des figures de rhétorique comme la liste concoctée par le Bureau de la poésie, qu'il faut apprendre par cœur, mais qu'ils les étudient comme la logique de ce cosmos, le rite par lequel on courtise le monde, qui semble ne confier son secret qu'à celui qui l'accueille avec courage.

Quand nous lisons en classe les fruits de ces exercices d'émerveillement, nous sommes épatés par la diversité des résultats, qui trahissent la façon dont chacun interprète la réalité. Très significatifs sont les animaux auxquels s'identifient les adolescents dans leurs vers tâtonnants : du tigre séduisant qui se dissimule dans la forêt au pingouin maladroit qui ne sait s'il appartient à la terre ou à la mer. Et je suis toujours frappé par les détails que chacun a saisis au cours de sa promenade au retour de l'école (je t'avoue, Giacomo, que c'est à

1. Giorgio Caproni, autre poète contemporain.

toi que j'ai volé cette idée, car, parmi les poésies que tu voulais écrire, tu avais noté ce titre : *Histoire d'une promenade*) : « Je ne croyais pas qu'il y ait tant de choses sur le trajet du lycée à la maison », s'est exclamé un jour un de mes élèves. Je me rappelle la poésie dans laquelle un autre racontait qu'il allongeait chaque jour un peu plus son parcours de retour pour se sentir enfin libre sur son scooter après une matinée en classe. Il répétait obsessionnellement au début de chaque strophe « Je vais et tourne au hasard », employant l'anaphore de façon instinctive mais, à partir de là, consciente, parce que cette figure reflétait exactement le sentiment de sa vie : je vais et tourne au hasard, libre comme le vent qui me caresse le visage, sans but, sans contraintes. Que d'histoires, que de vie, que d'amour restent enfermés dans l'indifférence sensorielle, et c'est pourtant de notre capacité à saisir les différences que dépend justement la possibilité pour nous d'être « ravis » par la vie.

Ce que chacun saisit est le produit de sa manière unique, incomparable, de se confronter au monde, le signal d'un ravissement qui est déjà silencieusement en acte mais que les mots révèlent. Les poésies que les adolescents composent sont le résultat, cristallisé, de petits appels et, quand ils les ont sous les yeux, ils restent stupéfaits : « Mais tout ça était en moi ? », s'est un jour exclamée une élève. Alors je leur fais lire ce que dirait Ungaretti : « Poésie / est le monde l'humanité / notre propre vie / fleuris par la parole / la limpide merveille / d'un délirant ferment. » Oui, elle était déjà en toi, cette poésie, mais ce n'est qu'au contact de ce qui est hors de toi qu'elle a fleuri en paroles, et à présent une oasis habitable a été arraché au désert de l'indifférence.

N'est-ce pas ce qui t'arrivait, Giacomo, quand tu écrivais des poésies à partir d'une crise de « frénésie », une inspiration, qui requérait ensuite une patiente opération de transformation en mots ?…

Je n'ai écrit dans ma vie que très peu de poésies et fort brèves. En les écrivant, je n'ai jamais suivi qu'une inspiration (ou frénésie), sous l'effet de laquelle, en deux minutes, je formais le dessin et la distribution de toute la composition. Cela fait, j'ai coutume d'attendre que revienne un moment de verve, et, quand cela se produit (ce qui ordinairement n'arrive que quelques mois plus tard), je me mets alors à écrire, mais avec tant de lenteur qu'il ne m'est pas possible de terminer une poésie, même très brève, en moins de deux ou trois semaines. Telle est ma méthode, et, si l'inspiration ne me vient pas spontanément, il jaillirait plus facilement de l'eau d'un tronc qu'un seul vers de ma cervelle.
(Lettre à Giuseppe Melchiorri, *5 mars 1824)*

Ou, comme le dit un autre poète : « Dans le processus d'écriture, le poète emploie tant le mode rationnel que le mode intuitif. En fouillant dans les brouillons d'un poète, on trouvera maintes petites biffures et autres signes, maintes révisions. Que s'est-il passé ? Le poète a simplement corrigé ses impulsions initiales. Dans le processus de composition, il arrive à fondre le rationnel et l'intuitif, l'affirmation et la négation. Le poète, en d'autres termes, est l'animal le plus sain : il combine l'analyse et l'intuition – analyse et synthèse – pour arriver au résultat, à la révélation. C'est pourquoi la poésie est l'accélérateur mental le plus efficace. En lire et en écrire offre l'instrument de connaissance le plus rapide, le plus économique que je connaisse » (Joseph Brodsky, *Conversations*).

Mes élèves expérimentent ainsi cette joie d'accélérer leur esprit, d'habiter chaque détail, de recevoir le monde et de le guider vers son accomplissement. Tout cela est *la* poésie ; ce n'est qu'après que viennent *les* poésies. Et c'est toi qui me l'as appris, Giacomo, toi qui as été fidèle à ton ravissement de poète, avant même d'écrire des poésies, parce que la poésie, l'oreille du mystère et de l'émerveillement, n'appartient pas seulement aux poètes : ils sont poètes, tous ceux qui « font » (*poïeïn* désigne l'action qui traduit l'invisible en visible), qui reçoivent toute la richesse que la vie peut offrir, qui en accueillent la fragilité et l'incomplétude, et qui s'emploient à la protéger et à la porter à terme justement à travers leur action : du jardinier à l'enseignant, de la mère au médecin. Érotisme et héroïsme sont les deux tonalités d'une vie vivante, parce que seule la passion pousse à surmonter la fatigue nécessaire pour mener à l'accomplissement choses et personnes.

Mais qu'arrive-t-il, Giacomo, quand la vie meurt parce que cet éros héroïque se trouve menacé ou même étouffé ?

Se laisser blesser par la vie

> Il est indubitable que les jeunes gens souffrent plus que les gens âgés et qu'ils sentent beaucoup plus que ces derniers le poids de la vie dans cette impossibilité où ils sont d'employer suffisamment leur force vitale.
>
> *Zibaldone*, 1er juin 1823

Cher Giacomo,

Il y a quelques mois, j'ai reçu la lettre d'une adolescente qui me confiait qu'elle n'arrivait pas à mettre fin à son habitude de se taillader les avant bras. Dans ces moments-là, elle se sentait enfin en paix, la douleur la portait à la concentration absolue, à l'existence, offusquant tout le reste, toute la peur et le sentiment d'étouffement pour la vie aux limites trop étroites qui était son lot. Cette jeune fille se contraignait ainsi à « ressentir » pour être au monde, pour avoir un monde. En se blessant, elle cherchait à inventer un ravissement douloureux et artificiel. Sa vie retrouvait des sens et donc un sens, du moins momentané.

Je lui ai répondu d'arrêter et de penser à moi toutes les fois que l'envie lui venait de se taillader, et de m'écrire, de se rappeler que cette douleur était à l'origine de sa lettre et que cela aurait pu se reproduire. Je lui ai suggéré de connaître le monde et sa douleur à travers les mots, un cosmos de paroles, plutôt que de se jeter dans le chaos du sang. Je lui ai dit que je tenais à elle et à son sang, et que je ne voulais pas qu'une seule goutte en soit gaspillée, mais que je souhaitais au contraire qu'il soit transformé et mis au service d'autre chose. Depuis ce jour-là, elle a commencé à faire des progrès, transmuant son sang en mots, sa douleur en lettres.

Nos larmes mêmes sont la substance liquide et salée du chaos, le prix à payer à notre fragilité blessée qui saigne. Tu connaissais bien le goût des larmes, Giacomo, car tu l'avais appris dès l'enfance. Tu m'as raconté qu'une fois t'a mère s'était moquée de toi parce qu'elle t'avait trouvée en pleurs. Seul ton petit frère Pietruccio chercha à te consoler en te caressant les joues. Combien de pleurs d'adolescents sont raillés comme une maladie passagère, un excès hormonal, quand ils sont en réalité la profonde constatation de ce simple fait d'« être homme », comme tu l'expliquas à ta mère, la conscience d'être fragile et sujet à toute l'insuffisance de la vie, comparée à la surabondance du désir. Il était clair pour toi, depuis ta toute jeunesse, que la condition de l'homme mérite pitié. Seul celui qui connaît les pleurs qu'on verse à être au monde peut consoler les autres, comme tu l'as fait en transmuant tes pleurs en vers et ta fragilité en poésie.

Le monde que nous réussissons à voir dépend du soin que nous prenons de nos propres sens. Qui ressent peu vit peu, qui ressent trop vit trop, qui ressent mal vit mal. Les sens ne sont pas des organes inertes et autonomes : c'est un immense don que nous fait notre corps pour accueillir la réalité. Mais si ces filtres sont inadéquats, par excès ou carence de l'usage de l'un d'entre eux par rapport aux autres, quel monde entre dans notre cœur et notre tête ?

Qui ressent mal le monde peut finir par se faire mal et faire mal aux autres, faute de savoir être vivant. Tout le monde ne s'agresse pas soi-même comme cette adolescente ; beaucoup préfèrent faire couler le sang des autres.

Comment peut-on tuer, torturer, violenter une enfant, une femme ou un autre homme si nous en ressentons la vie ? Quand on ne « ressent » pas la vie, on laisse la place à ce qu'une femme dont le cœur pensait a appelé « la banalité du mal », en se référant (on peut s'en étonner) au bourreau nazi Adolf Eichmann : « Eichmann n'était pas stupide. C'est la pure absence de pensée – ce qui n'est pas du tout la même chose – qui lui a permis de devenir un des plus grands criminels de son époque. Cela est "banal" et même comique : avec la meilleure volonté du monde on ne parvient pas à découvrir en Eichmann la moindre profondeur diabolique ou démoniaque. Mais cela ne revient pas à en faire un phénomène ordinaire. [...] Que l'on puisse être à ce point éloigné de la réalité, à ce point privé de pensée [peut] faire plus de mal que tous les instincts destructeurs réunis qui sont peut-être inhérents à l'homme » (Hannah Arendt, *Eichmann à Jérusalem. Rapport sur la banalité du mal*[1]).

L'homme qui brise la vie d'autrui n'est pas simplement un fou, mais quelqu'un qui éprouve très peu, qui méprise sa vie et finit par mépriser celle des autres. Si je ne ressens plus le réel et ses diverses valeurs, je tombe dans l'uniforme, dans le lieu commun, dans le bavardage vain, et, inévitablement, l'idéologie finit par remplacer la réalité. Tu savais, cher Giacomo, que le bonheur est la capacité de tout accueillir à travers les sens, quel qu'en soit le prix, et les limites comprises – ou mieux à partir des limites, à partir de la haie qui est l'antichambre de l'infini, sa prémisse nécessaire.

1. Hannah Arendt, *Eichmann à Jérusalem. Rapport sur la banalité du mal*, Paris, Gallimard, « Folio », 1991, p. 460-461.

La tentative, plus ou moins consciente, de déplacer les limites est source de malheur, de froideur, d'ennui.

Mais où la vie s'est-elle perdue ? À quel carrefour nous sommes-nous trompés de route et avons-nous laissé nos sens s'endormir ? Comment les réveiller ? Tu répondrais : par la poésie, c'est-à-dire par l'éros de la vie, avec sa propre blessure.

Cette jeune fille qui s'automutile m'a fait comprendre que l'adolescence est le premier pas conscient, et pour cela même vertigineux, vers l'acquiescement au fait d'être né, l'acceptation que la vie est donnée, avec ses joies et ses drames. L'adolescent laisse peu à peu derrière soi la pensée magique et toute-puissante de l'enfant, l'imagination ne le défend plus, la vie entre en lui de façon nouvelle et plus pleine, en le blessant. Il peut donc choisir de se retirer ou de la regarder en face en se demandant pour quoi il vaut la peine de « pâtir », c'est-à-dire de vivre, c'est-à-dire d'espérer. Je ne suis pas en train de parler de masochisme sacrificiel, mais de la mort douloureuse de la graine pour pouvoir devenir rose : si la graine ne se laisse pas ouvrir par le soleil, la terre, l'eau, en accueillant son destin, elle reste stérile. Si en revanche elle trouve la raison de rompre son enveloppe, elle se laisse blesser et entre dans le monde avec sa floraison et elle s'expérimente comme un don de couleurs et de saveurs pour les autres. Le prix à payer est une douleur, une mort « apparente », mais en réalité c'est un « plus » de vie. N'est-ce pas ce que tentent d'imiter les souffrances qu'on s'inflige à soi-même ? Un don qui ne réussit pas à être un don.

Que la vie soit telle quand on sait et qu'on donne, c'est-à-dire quand on devient un espace et un temps dédiés aux autres, je l'ai mieux compris grâce aux adolescents qui m'ont raconté, heureux, comment ils avaient commencé à donner leur sang après avoir lu mon premier livre ou à s'engager dans un service de bénévolat après avoir lu le troisième. Les adolescents qui ne sont pas provoqués par la vie ni placés face à de bonnes raisons pour se donner mais seulement à des propositions de consommation ne réussissent pas à percevoir le grand défi qui emplit de sens une vie, comme l'écrit Dante dans *Le Banquet* : « À l'adolescence est donné ce qui peut venir à perfection et maturité. »

Mais comment fait-on, Giacomo, pour se lancer vers le ravissement et se mettre en voyage vers un accomplissement ? Et qu'est-ce donc que cet accomplissement ?

Grandir, c'est créer

> Et quand nous ne retirerions aucun fruit de cette traversée, il me semble à moi qu'elle nous est déjà très profitable, puisqu'elle nous préserve un moment de l'ennui, nous rend chère la vie et précieuses tant de choses qui, sans elle, ne retiendraient pas notre attention.
>
> « Dialogue de Christophe Colomb et de Pierre Gutierrez », in *Operette morali*

Cher Giacomo,

Tu m'as appris que l'énergie d'un adolescent est appelée à créer, et que c'est le processus créatif qui compte, et non le succès, comme nous sommes souvent portés à le croire. Le sens de la vie est l'accomplissement, et l'accomplissement est un processus qui inclut des combats, des défaites, des pauses, comme le sait n'importe quel sculpteur qui, dans la matière, trouve la résistance nécessaire à donner la vie à son intuition. L'adolescent réussit à se redresser justement parce qu'il a la sève juvénile, l'excès d'espérance. La manie du succès, en revanche, annule la condition historique de l'homme, sa fragilité, sa temporalité, et veut qu'il soit immédiatement parfait, achevé. Seul le temps montre la grandeur d'un amour, d'une œuvre, d'un homme.

Nous ne pouvons pas éliminer les saisons, qui servent à la graine : les pluies, la neige, les rigueurs de l'hiver, le vent et les orages, la chaleur et la sécheresse sont autant d'éléments qui font partie du processus, autant d'éléments de la vie, dont la graine a besoin, comme un adolescent en a besoin.

Toi aussi, Giacomo, tu as dû affronter ces intempéries dans les années de ton adolescence et arracher des réponses aux livres et à la nature, en te jetant souvent dans une solitude douloureuse et un silence qui, pour ceux qui t'entouraient, étaient souvent incompréhensibles. Toi aussi tu avais commencé à penser que la gloire en littérature te ferait obtenir l'amour que tu cherchais désespérément, et, avant tout celui de ton père et de ta mère. Et c'est ainsi que tu commenças à lancer toutes tes forces dans une étude « folle et désespérée », pour produire du fruit et accomplir ton ravissement poétique. Ce n'est que peu à peu que tu compris que le but était de créer de la beauté, et non d'en user pour s'affirmer. Créer est le secret de l'accomplissement, et créer est un processus, non une surprise imprévue.

Je me rappelle une jeune fille qui avait compris que son ravissement était la mode, mais elle savait que ce rêve était partagé par beaucoup d'autres. Elle décida de se soumettre à l'épreuve, en se soumettant aux « intempéries ». Elle fit la connaissance d'une couturière, chez laquelle elle passait deux après-midi par semaine pour apprendre comment on coud un vêtement. Quand elle acheva ses études au lycée, à la différence de toutes les autres qui voulaient devenir stylistes, elle savait déjà réaliser un vêtement, elle connaissait la fatigue et les erreurs que cela exige, les échecs et les frustrations, et elle les avait tous acceptés comme un matériau pour son ravissement, qui s'était ainsi confirmé : elle put choisir ce qui lui avait été destiné et non pas improviser un rêve emprunté aux autres.

Je me rappelle un élève qui avait besoin d'argent pour acheter un ordinateur et un scooter ; ses parents ne pouvaient pas l'aider. Aussi, bien qu'il ne parvînt qu'à grand-peine à obtenir la moyenne en mathématique, il décida d'apprendre dans les livres le calcul des probabilités et il apprit également les règles du poker en ligne, ce qui lui permit de gagner l'argent dont il avait besoin. Sans doute n'est-ce pas un exemple très édifiant, mais ce qui m'a frappé, c'est l'énergie qu'il faut pour accepter un pareil défi et trouver une solution.

Je me rappelle encore une élève qui, depuis le début du secondaire, était convaincue que sa vocation était le journalisme. Après avoir longuement écrit pour le journal de l'école, elle tendit un piège au directeur du quotidien local de sa ville sous le prétexte de lui demander quelques conseils. C'est ainsi qu'elle commença à écrire jusqu'à la dernière année de lycée de petits articles sur la chronique locale, surtout sur les matches de football les plus insignifiants, à propos desquels il n'y avait guère rien d'autre à raconter que les injures qu'avait essuyées l'arbitre. Ces essais la confirmèrent dans son choix et, pendant ses années à l'université, elle continua à écrire régulièrement pour ce journal.

Je pourrai raconter bien des histoires, Giacomo, de jeunes gens qui ont été capables de seconder leur excès d'espérance et de mettre à l'épreuve leur ravissement, pour découvrir s'il était le fruit d'une illusion dans la connaissance de soi ou si c'était une véritable vocation.

Aucun d'eux n'a connu le succès, car aucun d'eux ne l'a cherché. Ils se sont concentrés sur le processus, sur le patient travail quotidien, le frère aîné de l'inspiration comme disait Baudelaire. Toutes les personnes qui ont réalisé leur rêve ont compris que le premier pas pour y parvenir était d'aller travailler en atelier, comme faisaient les artistes d'autrefois : se mettre à l'épreuve, apprendre l'art de créer et donc celui de croître. Quand, à douze ans, Michelangelo Merisi dit à sa mère qu'il voulait devenir peintre, elle accepta et l'envoya comme apprenti chez le meilleur peintre de l'époque. Cet enfant devint le Caravage.

Comme je te l'ai déjà écrit, il n'y a pas de ravissement sans maîtres, sans quelqu'un qui sache voir la rose dans la graine, comme il advint à Charles Darwin, étudiant de vingt-deux ans qui n'était pas particulièrement brillant mais chez qui un professeur de botanique avait intuitivement senti un désir peu commun, ce qui l'entraîna à le choisir comme naturaliste dans une expédition scientifique.

De nombreux exemples comme celui-là, y compris de bien moins célèbres, montrent que ce qui compte n'est pas un talent visible et éclatant (ce qui est encore mieux s'il existe), mais l'épanouissement de cette personne et son regard passionné sur la réalité, de l'inédit qu'il peut réaliser, avec l'aide de ses maîtres. Le « Talent » était autrefois une unité de mesure et une monnaie fort importante ; l'usage que nous en faisons aujourd'hui dérive d'une interprétation erronée. Dans un épisode de l'Évangile selon saint Matthieu (XXV, 14-15), le « talent » indique ce qu'un riche maître, partant en voyage, confie à ses serviteurs : il donne un certain nombre de talents[1] à ses serviteurs « à chacun selon sa capacité ». Ici, le talent n'est pas une habileté naturelle, innée, comme dans notre interprétation individualiste, mais tout ce que nous donne la vie sur la base de nos capacités : un verre reçoit autant de liquide qu'il peut en contenir. Le talent n'est pas une injuste distribution du destin, mais la part du monde que nous pouvons accueillir et dont nous pouvons prendre soin le mieux possible, et non au-dessus de nos capacités. Les talents sont les choses et les personnes qui nous sont confiées sur la base de notre

1. Donc d'argent.

habileté à les conduire à l'accomplissement. À cela, nous sommes tous appelés.

Toi aussi, Giacomo, tu cherchas des maîtres, des personnes qui puissent te guider dans tes aspirations, et tu les trouvas en leur écrivant. Aujourd'hui plus encore qu'autrefois il est aisé d'aller « travailler en atelier » chez quelqu'un qui puisse nous mettre à l'épreuve et nous faire grandir. Je me rappelle encore ce que me dit une écrivain après avoir lu un de mes inédits de jeunesse : « Tu sais y faire, mais tu dois apprendre la technique », et elle me donna des conseils qui me conduisirent à consacrer une année entière au projet d'écrire mon premier roman.

C'est ainsi : comme si une lumière se posait sur la tête d'une personne et en révélait les capacités de développement. Seul qui sait voir cette lumière, par le moyen de l'imagination, peut faire fleurir les destins, nous permettre de recevoir la vie en don. Il y a une façon de voir qui est une façon de croire, parce que croire c'est espérer, Giacomo ! Mais espérer requiert d'être prêt à servir la vie qu'on a ressentie chez l'autre. On est poète quand on a foi dans les talents, c'est-à-dire, non pas dans nos capacités propres, mais dans les choses qui nous sont confiées. Et elles fleuriront et nous feront fleurir.

Si l'école exerçait une véritable orientation fondée sur l'originalité de chaque élève, s'il y avait un lieu pour déployer la capacité de recevoir le monde et d'aller travailler en atelier, elle serait ce qu'elle devrait être : une forge à « ravissements », un éros canalisé vers la construction d'un monde d'espérance.

Grandir, ce n'est pas avoir du succès, mais c'est descendre, aller en profondeur, là où le ravissement peut prendre racine. Créer sans se laisser paralyser par la peur de l'échec est la bonne façon pour que le ravissement devienne une réalité féconde. N'est-ce pas ce que fait toute graine ? Elle cherche la profondeur parce qu'elle cherche la lumière, elle cherche à mourir dans la terre parce qu'elle cherche à vivre dans la lumière. Mais qu'arrive-t-il quand l'invisible reste invisible, quand l'originalité d'une personne reste cachée faute d'un regard ?

L'infini blessé

> Il y a plus de vie ou de vitalité chez les jeunes gens que chez les gens âgés, c'est-à-dire qu'ils ont davantage le sentiment de l'existence et de soi-même ; et là où il est plus de vie, il est un désir et un besoin de bonheur plus grands, et donc un sentiment plus grand de privation, de manque, de vide.
>
> *Zibaldone*, 1er juin 1823

Cher Giacomo,

J'ai récemment reçu une lettre qui disait ceci : « Il y a un an, j'ai commencé à contrôler de façon sans cesse obsessionnelle mon alimentation, jusqu'à perdre du poids et même à perturber mon cycle. Ce contrôle me tranquillisait, me distrayait, m'occupait, mais en même temps je n'avais plus de force, j'avais une foule de peurs, je me recroquevillais tant psychologiquement que physiquement. À présent, tout me jette dans l'anxiété, surtout quand il s'agit de quelque chose que je n'avais pas prévu. Je sens l'angoisse me tordre l'estomac ; je me sens impuissante face à la conscience de ne pas parvenir à redevenir libre, comme avant. Personne ne crée les conditions qui pourraient vraiment m'aider, personne ne m'attend, et, à part, la psychologue, personne ne m'écoute. Il est triste de penser que l'homme n'est pas en mesure de créer un peu d'amour gratuit. »

La faim de vie de cette adolescente bascule dans le contrôle de la faim, le corps se retourne contre lui-même en se desséchant, par peur d'une fragilité qui n'est vécue que comme une limite et non comme une occasion d'élan. Une des choses les plus consolantes que j'ai apprises de toi, Giacomo, quand j'avais dix-sept ans, c'est justement qu'à la faim plus grande d'un jeune correspond une plus grande douleur, parce qu'il y a un excès de demande sans réponse adéquate, comme cela se produit dans les amours non réciproques :

Il est indubitable que les jeunes gens, du moins dans l'actuel état des hommes, de l'esprit humain et des nations, non seulement souffrent plus que les gens âgés (je parle de l'âme), mais également (au contraire de ce qui peut paraître, et qu'on a toujours dit et communément cru) qu'ils s'ennuient plus que les vieillards et sentent bien plus que ces derniers le poids de la vie, la fatigue, la peine et la difficulté de le porter et le traîner avec soi.
(Zibaldone, *1er juin 1823)*

Les jeunes s'ennuient plus que les gens âgés parce qu'ils sentent plus le « poids de la vie ». Mais qu'est-ce que ce poids ? Et cet ennui qui en dépend ? Qu'est-ce sinon l'élan de vouloir tout embrasser sans trouver le moyen d'y parvenir, sinon une soif qu'on ne peut apaiser ?

Tes paroles m'ont fait penser à une jeune fille qui, avant de se suicider, il y a quelques années de cela, a laissé un mot où elle écrivait à ses parents : « Vous m'avez aimée, mais vous n'avez pas été capables de me faire du bien ; vous m'avez tout donné, même le superflu, mais vous ne m'avez pas donné l'indispensable ; vous ne m'avez pas donné un idéal pour lequel il vaille la peine de vivre la vie ! C'est pourquoi je m'en prive ! »

« Valoir la peine ». C'est une expression que j'ai toujours trouvée paradoxale et pour cela même intéressante. Pour vivre, il faut trouver la peine de vivre. De quelle peine s'agit-il ? Certainement pas d'une peine négative, si elle remplit la vie. C'est la peine de qui a trouvé pour quoi il est acceptable de donner son temps et son espace, c'est-à-dire « mourir ».

Les jeunes gens méprisent et prodiguent leur vie, qui pourtant est douce et dont il leur reste un long temps ; et ils ne redoutent pas la mort [...] ; c'est ainsi que le jeune homme dépense [...] comme s'il devait mourir avant peu de jours.
(Zibaldone, *24 octobre 1822)*

Si le jeune homme ne trouve pas la raison de se donner et d'être généreux, s'il ne sent pas sa singularité comme un don pour le monde, son cœur s'endurcit jusqu'à choir dans l'ennui. Tu l'as merveilleusement raconté dans les *Operette morali*, et plus précisément dans ce dialogue entre Christophe Colomb et l'un de ses amis où les deux explorateurs s'interrogent sur le Nouveau Monde et sur le sens de leur quête. L'ami doute de l'opportunité de traverser les mers par des moyens aussi peu adéquats en risquant sa vie. Et Colomb lui répond :

Mais, sans même parler du fait que tous les jours les hommes risquent leur vie sur des bases bien plus fragiles, et pour des choses sans valeur [...]. Si pour lors, toi et moi, et tous nos compagnons, nous n'étions pas en pleine mer sur ce navire, au sein de cette solitude inconnue, dans un état d'incertitude et de risque aussi grand qu'il se peut, dans quelle situation serions-nous ? À quoi serions-nous occupés ? Comment passerions-nous nos jours ? Plus joyeusement peut-être ? Ne serions-nous pas plongés dans des angoisses et des soucis plus grands, ou dévorés d'ennui ? [...] Et quand nous ne retirerions

aucun fruit de cette traversée, il me semble à moi qu'elle nous est déjà très profitable, puisqu'elle nous préserve un moment de l'ennui, nous rend chère la vie et précieuses tant de choses qui, sans elle, ne retiendraient pas notre attention.
(« Dialogue de Christophe Colomb et de Pierre Guttierez », in Operette morali*)*

Pour que la vie nous soit chère, il faut naviguer (et pas seulement sur le net), affronter les dangers et la solitude de la mer, et y compris l'infini du naufrage du cœur. Autrement, on chute dans l'ennui. Voilà ce qu'est pour toi l'ennui, Giacomo : la distance entre le désir et la réalité, entre la recherche du bonheur et les limites du monde, entre la recherche de l'infini au-delà de la haie et la finitude de ce qu'il y a en deçà. L'ennui porte à la stagnation de la vie elle-même, surtout chez ceux qui désirent cette vie dans sa plénitude.

Tu voulais rendre l'infini à l'homme parce que le témoignage du cœur témoignait de sa présence, mais où pouvais-tu aller chercher cet infini ? Tout ce désir n'est-il pas une illusion, si les choses ne peuvent le satisfaire ? Et comment finit un semblable désir dans le cœur, si le cœur est seulement un faisceau de fibres musculaires ?

La lettre de la jeune fille anorexique s'achevait ainsi : « Je ne veux pas être ingrate envers ce que je possède. Je ne veux pas gaspiller le temps. Je refuse cette cage, mais je ne sais comment prendre soin de ma vie. »

Plus on a soif, plus l'absence d'eau est douloureuse. Et la jeunesse est cette soif ardente, parce qu'elle est cette ardeur même. Que pouvons-nous répondre, Giacomo ? Comment peut-on prendre soin de cette vie blessée ?

S'approcher d'*À la Lune* pour en écouter le secret

> De dix à vingt et un an, je me suis replié sur moi-même pour méditer, écrire, étudier les livres et les choses.
>
> *Lettre à Pietro Brighenti*, 21 avril 1820

Cher Giacomo,

Prendre soin de la vie signifie prendre soin de quelque chose qui est vivant, et qui oscille donc entre un noyau qui est stable et ce qui, au contraire, se transforme. Comme la lune.

Parmi les objets que tu as observés avec le plus d'attention, en y voyant la synthèse du voyage existentiel, l'un des plus importants est la lune, que tu as étudiée et continuellement recherchée parce qu'elle est rétive à livrer son secret, elle qui, par un curieux accord entre rotations et révolutions, offre à nos yeux toujours la même face.

En la fixant – comme tu le faisais –, nous sommes pris d'un frisson, surtout quand elle est pleine. Quand elle ne l'est pas, la regarder suscite une sorte de nostalgie. De semaine en semaine, cette beauté se perfectionne et s'accomplit, puis elle décroît et la nostalgie fait retour. La beauté de la lune tient dans sa capacité à être *pleine*, sa complétude atteinte renouvelle le désir.

Un philosophe grec écrivit que le mot « beau » (*kalós*) dérivait du verbe « appeler » (*kaléo*). Il s'agit probablement d'une fausse étymologie, mais l'intuition de fond reste valide. La beauté est un appel, les belles choses nous invitent à l'accomplissement. Si elles avaient la parole, elles en useraient sous forme de question : « Et toi, à quel point en es-tu de ton accomplissement ? Qu'en fais-tu, toi, des dons de la vie ? »

La pleine lune est une beauté qui a été longuement et patiemment préparée, et au moment même où l'on la regarde elle s'évanouit déjà, réaffirmant ainsi qu'on ne possède jamais la beauté, qu'elle est toujours plus loin. La lune appelle, convoque, invite, renvoie à autre chose.

C'est pourquoi dans la poésie que tu lui as dédiée, *À la lune*, qui semble être un dialogue avec la bien-aimée, tu la chantes comme symbole du perpétuel recommencement :

Ô lune emplie de grâce, il me souvient,
Sur ce col je venais (l'année revient)
Te regarder le cœur gonflé d'angoisse ;
Tu reposais alors sur cette sylve
Comme aujourd'hui, et tu l'illuminais.

Mais c'est justement le dialogue silencieux avec cette plénitude lumineuse qui réveillait en toi le sens d'une douloureuse incomplétude :

Mais, nébuleux, tremblotant, sous les larmes
Qui me montaient aux yeux, m'apparaissait
Ton clair visage, car pleine de tourments
Était ma vie – qui depuis n'a changé,
Ô ma bien-aimée lune ! Et cependant
J'aime la souvenance et de compter
L'âge de ma douleur. Oh, comme est cher
Dans la jeunesse, quand longue est l'espérance
Encore, et bref le cours de la mémoire,

Le souvenir des choses disparues,
Encor que triste et que souffrance dure !

Tu l'as chantée comme les lyriques grecs, la lune, parce qu'il en allait du sens de ta vie. Si tu avais un jour oublié la lune, tu te serais oublié toi-même. Tu l'as chantée dans ton adolescence, époque de la vie où « l'espérance est longue encore / et bref le cours de la mémoire », parce que sur l'expérience prévaut alors l'élan vers le futur. Tu l'as idéalisée comme le symbole de l'art d'espérer, quand la vie était devenue trop pesante.

On dit que tes ultimes vers, dictés à la veille de ta mort, ont été dédiés au coucher de la lune : elle t'aura accompagné jusqu'à la fin comme le symbole de qui accueille son destin et lui reste fidèle, malgré son perpétuel changement. Mais d'elle, miroir de ton âme, tu ne possédais pas pourtant l'inconscience, que tu lui enviais. Être conscient de la disproportion entre notre désir d'infini et nos limites nous bouleverse, à la différence de la lune qui, pourtant changeante, reste fidèle à elle-même dans la précision de sa course inconsciente.

La fidélité à son propre destin, que les Grecs n'appelaient pas par hasard *moïra*, c'est-à-dire la part assignée, est l'unique façon d'être heureux sur cette terre et d'être malheureux d'heureuse façon quand on n'y parvient pas, car le principe d'inspiration qui nous guide a la puissance de pouvoir brûler l'obstacle et l'échec, et trouve même en eux le matériel pour renouveler sa flamme.

Je te dois aussi cela, cher Giacomo : m'avoir fait voir, à travers ta chair et ta poésie, ce que signifie rester fidèle à son destin, quelles que soient les conditions dans lesquelles il s'accomplira, et même en acceptant ces conditions comme l'occasion, la matière même, de réaliser sa propre œuvre d'art.

Une dame, à qui j'ai demandé un jour ce qu'elle avait retenu de toi, m'a répondu : « Deux aspects. La mélancolie et la force de ne jamais se rendre, jusqu'à la fin. » Ta vie, Giacomo, fut la lutte indomptée d'une âme qui a été ravie par la beauté et qui combat pour la trouver dans ses vers : si elle n'y parvient pas, elle se permet la bonne mélancolie, c'est-à-dire la douleur de ne pas avoir été à la hauteur et le désir de réessayer, mais sans fuir, en restant au contraire dans cette douleur, comme la graine qui, durant le gel hivernal, attend des temps meilleurs, attend d'être à la hauteur du prochain rayon de soleil.

Quand la vie semblait te priver de ce que tout adolescent désire (un corps aimable, la reconnaissance, l'amour), tu puisais au trésor inépuisable de ton ravissement pour en tirer des choses nouvelles, quelle que soit l'opinion des autres. C'est ainsi que tu te libérais de la cage du consensus d'autrui et employais tes énergies dans la patience inspirée que cet appel requérait.

Le secret que tu m'as révélé, c'est que ce destin n'est jamais tout à fait atteint, car la vie n'est pas équilibre mais tension. Dans la nature, ce qui s'arrête a rejoint la mort. C'est sans doute la partie la plus incommodante de ton message : que la plénitude ne se conquiert jamais tout à fait, mais qu'elle « mouvement fidèle » ou « fidélité dynamique », parce que nous sommes des êtres qui vivons dans le temps, appelés à adhérer à la vie comme à ses mutations. Le ravissement, comme dans l'amour, est le centre qui éclaire tout et qui nous donne de l'énergie, mais il est constamment mis à l'épreuve, comme une structure antisismique, dont le secret n'est pas la rigidité rassurante du « fait une fois pour toutes », mais bien son élasticité, sa capacité à s'approprier les sollicitations et à les seconder : résilience et résistance. Ce n'est qu'ainsi que la vie ne devient pas ennuyeuse et sclérosée sur des certitudes rigides, mais qu'elle est héroïque et érotique, toujours en tension vers l'accomplissement.

Mais si c'est la vie même qui, quelquefois, semble faire obstacle à tout ça ? N'est-ce pas à elle que nous devons nous fier, Giacomo ? Et si elle, justement elle, nous trahissait après nous avoir séduits, ravis, appelés ?...

Habiter la nuit avec le *Chant nocturne d'un berger errant de l'Asie*

> J'ai commencé à connaître un peu la beauté [...], en me laissant, pour ainsi dire, dilater l'âme dans toutes ses parties, et dire par-devers moi : « Ceci est de la poésie, et, pour exprimer cela, il faut des vers et non de la prose. »
>
> *Lettre à Pietro Giordani*, 30 avril 1817

Cher Giacomo,

Il y a vingt ans, quand je reçus ta première lettre, j'étais en quête de paroles et je ne le savais pas. Je ne savais pas que trouver des mots pour les choses, c'est leur donner une forme et donc pouvoir les faire siennes, surtout les choses invisibles. Toi, ces mots, tu les avais, et tu me les as prêtés, car l'art généreux est celui qui est capable de « faire un massage cardiaque aux éléments d'humanité et de magie qui résistent encore et brillent malgré l'obscurité des temps » (David Foster Wallace). C'est pourquoi la tâche de l'écrivain n'est pas facile, et qu'elle est même paradoxale : « Il vivra selon une loi qui est la sienne, mais qui n'est pas taillée à sa mesure ; elle déclare : on ne rejettera personne dans le néant ; y fût-il volontiers. On recherchera le néant seulement pour en trouver l'issue ; et on en signalera pour chacun l'issue. On patientera dans le chagrin comme dans le désespoir, pour apprendre comment on en tire autrui ; non par mépris du bonheur qui est dû aux créatures, bien qu'elles se défigurent et se déchirent entre elles » (Elias Canetti[1]).

J'étais enfermé dans un cachot. C'était une période où la douleur était en train de détruire mon goût de vivre. À mes côtés souffrait jusqu'aux larmes une personne que j'aimais mais que je ne parvenais pas à rejoindre dans sa peine, peine que j'aurais voulu prendre sur moi pour qu'elle cesse. Dans ces jours-là, je compris combien la douleur était capable de nous enfermer dans la solitude, dans les pièces les plus noires de notre maison intérieure, elle y entraîne aussi bien celui qui la subit que celui qui voudrait l'accompagner. Je faisais l'expérience de la séparation abyssale entre les hommes, de la difficulté à aimer les personnes mêmes les plus proches, de leur solitude dans la douleur, de l'impossibilité de les rejoindre et de les sauver. Tout me paraissait insensé et cruel ; la vie, un non-sens et une torture ; comme dans les tragédies grecques où deux jeunes héros restent paralysés sur scène en se demandant que choisir entre deux voies également destructrices. « Que puis-je donc faire ? », se demande Oreste face à ce dilemme : tuer sa mère pour venger son père ou l'épargner mais être poursuivi par les déesses de la vengeance qui exigent l'assassinat.

Je ne trouvais pas de solution, parce qu'il n'y en avait pas. Mais toi, Giacomo, tu m'as fait comprendre que la solution est dans la vie même et hors d'elle : s'ouvrir à la douleur et l'habiter, comme une chambre de notre cœur.

Alors – c'était l'année du bac et nous commencions justement avec toi – tu t'introduisis dans ma chambre, quand le professeur nous eut récité, jusqu'à en être ému, tout le *Chant nocturne d'un berger errant de l'Asie*. Moi,

1. « Le métier du poète », in *La Conscience des mots*, Paris, Albin Michel, 1984.

enthousiaste, sur le chemin du retour, j'avais acheté une édition de tes *Chants* : le premier livre de poésie acheté avec mon propre argent, et je m'étais mis à le lire dans ma chambre, répétant ces mots – je les comprenais tous, ces mots d'une poésie ! – jusqu'à me fabriquer une cantilène intérieure, où la douleur dépourvue de sens, la séparation, le drame de la vie n'étaient plus seulement les miens, mais aussi les tiens et ceux de tous les hommes. Je ne me sentais plus vagabond, mais chez moi : le drame était encore là, mais je n'étais plus seul, et j'embrassais au milieu des larmes tous les points d'interrogation du poète de ces chants.

Il y a un jeune homme qui marche dans la nuit, il regarde la nature, il ne laisse pas de l'interroger, tandis que son troupeau, ignorant le tourment, paît paisiblement. Ce pèlerin devint vivant, incarnant ton intériorité, quand tu lus un article où l'on parlait des bergers qui, au Moyen-Orient, accompagnant leurs troupeaux, font monter dans le ciel des chants mélancoliques qui emplissent la campagne muette et désolée.

Ce jeune homme représentait tout ce que je ne réussissais pas à formuler de façon sensée, et, du moment où je l'ai rencontré, je ne me suis plus senti seul. Face à l'apparente absurdité de venir au monde pour rencontrer la douleur, il se demande :

Mais pourquoi donner au jour,
Pourquoi garder en vie
Celui qu'il faut consoler de la vie ?
Si vivre est un malheur,
Pourquoi devoir l'endurer ?

Pour lui comme pour moi, il n'était resté personne pour parler de cette solitude profonde. Autour de lui, il n'y avait que des créatures muettes, le troupeau et la lune, avec leur inconsciente constance, dans une nuit où aucune présence humaine ne semblait pouvoir le rejoindre. Alors c'est à la lune qu'il s'adresse :

Et toi seulette, éternelle passante,
Oh, si pensive, entends-tu donc ce qu'est
De vivre sur la terre,
Et de pâtir ainsi, de soupirer ?

Dans ces vers, tu racontais le même isolement que j'expérimentais, la même solitude, mais tu ne la fuyais pas : tu restais et conférais à cette douleur une direction, tu lui donnais une forme, une maison de mots, parce que c'est la douleur informe qui écrase l'homme.

Dis-moi, lune, à quoi sert
Au berger sa propre vie ?
Et votre vie à vous ? Dis-moi : où tendent
Mon errance éphémère
Et ta course immortelle ?

Tu répondais à mes questions par une poésie qui en pose une douzaine (voyez les points d'interrogation !) ; tu répondais en questionnant, parce que la vraie réponse n'est presque jamais la solution qui fait disparaître le problème : la réponse, c'est l'ouverture à la vie, dont le questionnement est le signe (j'aime à imaginer le point d'interrogation comme un homme qui se plie pour demander sur quel monde il est en train de marcher.)

Je me rappelle une de mes élèves qui, face à l'affirmation que la littérature garde vivantes les questions, leva la main et demanda, timidement, avec un ton de voix aussi fragile qu'authentique : « Mais ensuite… les réponses arrivent ? » Je vis dans ses yeux toute la vérité d'une adolescente qui se penche sur son propre destin pleine de trouble et d'émotion. Ta poésie, cher Giacomo, n'est pas seulement pour moi une façon de garder vivantes les inquiétudes que la culture de la performance étiquette comme propres à l'adolescence, mais c'est aussi la réponse que désirait anxieusement cette jeune fille. En posant les questions justes, en les vivant jour après jour et en les partageant avec les autres hommes, nous trouverons des compagnons de voyage dans les nuits les plus obscures. Et nous découvrirons qu'on peut, tout en errant dans la nuit, chanter.

Moi, ce berger, je ne puis que l'imaginer jeune. Un jeune blessé et trahi dans ses rêves, qui connaît l'amertume de l'infini à quoi rien ne répond sous la forme de l'ennui qui assaille le cœur :

Dis-moi pourquoi, gisant
Au repos, sans contraintes,
S'apaise toute bête,
Quand, si moi je m'étends, l'ennui m'assaille ?

Après ces questions viennent alors les trois « peut-être » des derniers vers. Toutes les fois que je les relis me revient ce mélange de douleur et de résolution, commotion des yeux et du cœur, car je sais quelle vie blessée il faut avoir pour écrire certains mots, parce que je sais que je ne suis pas seul dans ma fragilité. Moi aussi, comme toi, j'oscille entre le désir du cœur d'avoir des ailes pour m'enfuir, en rêvant de félicités infinies, imaginaires...

Ah, si peut-être j'avais les ailes
Pour voler sur les nues
Et dénombrer les étoiles une à une,

Ou errer de cime en cime comme l'orage,
Je serais plus heureux, mon doux troupeau,
Je serais plus heureux, ô blanche lune…

… et l'acceptation rationnelle que la douleur ne se peut éliminer, parce qu'elle est partie intégrante et vitale de la vie même :

Ou peut-être, en admirant
Le sort des autres, ma pensée se fourvoie-t-elle :
Peut-être en toute forme et en tout être,
Dans le terrier ou le berceau,
Est funeste à qui naît le jour natal.

Les ailes que ce jeune homme voudrait posséder sont les ailes d'une créature naturelle, qui lui permettraient de n'avoir aucune conscience de l'exil hors de l'infini, de la douleur.

Toi, Giacomo, tu n'abandonnes jamais les ailes de l'imagination, l'invention de la pensée qui saute la haie. Ce cœur ouvert à l'infini est encore là, réduit au « peut-être » d'un songe à peine éveillé. Mais aussitôt ce « peut-être », fruit d'un excès d'espérance, entre en dialogue avec l'autre « peut-être », guéri des divagations imaginaires de l'adolescence : c'est un « peut-être » rationnel qui reconnaît la fatalité de la vie, la condamne à désirer en vain. Le « jour natal », le jour de notre anniversaire, n'est pas une fête, ce n'est « peut-être » qu'un jour funèbre.

Ces trois « peut-être » résonnent comme le son d'une cloche : de deuil ou de joie ? Ce doute laisse ouvert l'espace entre le cœur rêvant, ailé, et une raison ancrée dans une vérité sans échappatoire. Dans ta poésie, cœur et raison dialoguent encore, dans la souffrance, oui, mais ils sont vivants et en relation, car toutes les relations authentiques se nourrissent de leurs difficultés.

Le conseil que tu m'as donné quand tu avais dix-sept ans était justement d'habiter la terre du peut-être, entre les ailes et la force de gravité. Ma douleur n'en fut pas résolue, mais, peu à peu, j'appris à la vivre avec le courage de tes paroles, qui m'avaient atteint là où personne n'avait réussi. Tu ne m'avais pas fourni une solution facile et rapide, mais tu m'accompagnais sur la route semée d'embûches du « peut-être » et tu me disais de vivre les deux conditions, de tenir ensemble cette tension si humaine, avec la fragilité qu'elle comporte. Depuis, tu n'es plus sorti de ma chambre, de la chambre de mon cœur, et même tu t'es trouvé une place dans l'une des plus secrètes, là où joie et douleur, ensemble, pleurent avec les mêmes larmes, l'essence d'être homme.

C'est pourquoi, Giacomo, tandis que Silvia, avec son élan vital, est la figure féminine que j'aime le plus dans ta poésie, le berger errant, avec son chant mélancolique, est la figure masculine à laquelle va ma préférence. Silvia et le berger sont des versions complémentaires, en cœur et en esprit, en chair et en os, de ta vie intérieure.

Le berger donna un visage à ta mélancolie. Le chant, bien que nocturne, demeure chant. Mélancolique comme presque tous les nocturnes des musiciens, comme toutes les nuits des sens et de l'esprit des mystiques, nocturne comme toutes les insondables solitudes de l'homme, qui redoute la nuit parce qu'elle est l'espace de temps où se mesure sa capacité à accepter et affronter la fragilité de cette brève vie.

Je me rappelle encore cette nuit d'août, sur la plage, quand je montrai les constellations à mon neveu Giulio, qui avait alors six ans, en lui racontant les légendes qui les entourent. Giulio, qui se demandait si l'on peut trouver des couleurs nouvelles ou si elles ont déjà été toutes découvertes, qui me disait que le temps est infini et que nous avons inventé les nombres pour le mesurer, me demanda tout d'un coup pourquoi, quand il fait jour, le ciel devient bleu clair et les étoiles disparaissent. Je tentai de lui répondre de manière scientifique, mais je me rendais compte que cela ne lui suffisait pas, qu'il faut expliquer aux enfants la fin des choses, et pas seulement la cause. S'ils vous demandent pourquoi il pleut, inutile de répondre en faisant appel au pourcentage de vapeur des nuages, mais il faut dire : pour permettre aux plantes de fleurir.

Alors je lui dis que l'obscurité de la nuit servait à voir les choses que la lumière dissimule, parce qu'elles sont parfois si belles qu'il faut les protéger comme on le fait avec des trésors. Il fut satisfait de cette réponse, et, par-devers moi, grâce à toi, je pensai qu'avec la lumière on perd toujours quelque chose et que toujours avec les ténèbres quelque chose est gagné. Et, qui sait, peut-être l'essentiel.

Dans la nuit de ta vie, tu avais compris que, pour te sauver, il ne te restait qu'à mettre à l'épreuve les deux hypothèses : les ailes ou les funérailles. S'envoler pour ne pas trahir ton destin et découvrir si l'espérance est une hypothèse aussi pénible que féconde, ou bien accepter la grande illusion ourdie par la vie aux dépens de l'homme, qui est l'unique être conscient de cet univers, beau, certes, mais désespérément voué à la mort. Ton berger nomade nous dit sans ambages que l'homme est appelé à exister sans s'être donné à lui-même le souffle. Nous pouvons dire ce que nous sommes, mais non comment ni pourquoi nous existons ; nous savons seulement que ce n'est qu'à ce que nous sommes qu'il est donné d'exister, et cela est un appel auquel on ne peut se soustraire.

Il faut donc habiter la terre du peut-être, la terre du possible, des défis, des héros, qui luttent pour accomplir ce qu'ils sont dans le bref espace de temps qui leur est donné.

C'est pourquoi, Giacomo, c'était l'heure de voler au loin ou de succomber.

L'art de la fugue – ou se rebeller contre ce qui nous empêche d'être fidèles à nous-mêmes

> Vous exigiez de nous […] le sacrifice, non point de biens ou de soins, mais de nos inclinations, de notre jeunesse, et toute notre vie. […] Je n'ai pas voulu tarder davantage à me charger de mon propre destin. […] Je préfère être malheureux que petit, et souffrir plutôt que m'ennuyer.
>
> *Lettre à Monaldo Leopardi*, fin juillet 1819

Cher Giacomo,

Il n'est guère fréquent, et même il est fort rare, que la fuite suive la même route que celle de la quête. C'est aussi pour cela que la maturité est le courage de chercher plus que de fuir. Quand un adolescent découvre son ravissement, il se sent appelé à expérimenter si son originalité peut vraiment enrichir le monde.

Il y a quelque temps, un adolescent me confiait que, pour faire comprendre à ses parents que son existence avait besoin de leur regard pour s'épanouir, que leur absence, comme leurs silences, était intolérable, il avait, sans prévenir, passé une nuit hors de chez lui. Il les avait ainsi contraints à avoir peur de le perdre, et à reconsidérer les bases sur lesquelles ils construisaient leur rapport avec lui. Depuis ce jour-là, quelque chose avait changé.

Toi de même, Giacomo, tu décidas que l'unique façon de vivre intégralement ta vie et de mettre ta flamme à l'épreuve, c'était de te rebeller contre les limites que t'imposaient ta famille et ta province, et de t'enfuir. Je l'ai compris quand j'ai lu la lettre que tu écrivis à ton père le jour où tu décidas de partir en cachette, lettre que tu confias à ton frère Carlo pour qu'il la lui remette la chose une fois faite. C'est la lettre d'un jeune homme qui s'échappe de la maison à sa majorité, et je crois qu'elle contient tout ce qu'il faut savoir sur toi. Voilà ce que tu lui écrivis, sous une forme que, j'espère, tu m'excuseras d'avoir rendue plus proche, en surface, de la langue de notre temps :

Papa,

Même si, après avoir appris ce que j'ai fait, cette lettre te semble indigne d'être lue, j'espère que tu auras la bonté de ne pas refuser d'entendre les premiers et les derniers mots d'un fils qui t'a toujours aimé et souffre infiniment de te déplaire. Tu me connais, et tu connais ma conduite : lorsque tu voudras ouvrir les yeux, peut-être verras-tu que dans toute l'Italie, et j'allais dire dans toute l'Europe, il ne se trouve pas un autre jeune homme qui, de ma condition, à un âge bien plus précoce, et peut-être même doué de dons intellectuels inférieurs aux miens, ait eu la moitié de la prudence, de la privation de tout plaisir juvénile, de l'obéissance et de la soumission à ses parents dont j'ai fait preuve. Pour autant que tu puisses mépriser ces quelques talents que le ciel m'a donnés, tu ne pourras pas ignorer combien d'hommes estimables et célèbres m'ont connu et ont porté sur moi le jugement que tu sais et que je ne dois répéter. Tu n'ignores pas que tous ceux qui m'ont connu, y compris ceux qui sont parfaitement d'accord avec tes principes, ont jugé que je devrais réussir en quelque chose d'extraordinaire, si l'on me donnait les moyens qui, aujourd'hui comme hier, sont indispensables pour faire réussir un jeune homme, même s'il ne suscite que de maigres espérances. Il est surprenant que quiconque a eu connaissance de moi, même superficiellement, se soit étonné que je vive encore dans cette ville et que toi seul, au milieu de tous, sois d'un avis contraire et immuable.

Tu écris ce que n'importe quel fils qui s'enfuit de la maison écrirait à un père (ou à toute personne qui s'occupe de son éducation) incapable de voir son originalité et d'en encourager l'épanouissement dans un contexte différent du milieu étroit où il a grandi. À la vérité, cette maison, cette campagne, ces nocturnes et ces livres, dans la calme saison de tes seize et dix-sept ans, avaient donné à ton génie la possibilité de s'ouvrir et de s'étendre en profondeur, en hauteur et en ampleur, à tel point que ce génie se sentait désormais emprisonné et qu'il ne lui suffisait plus d'inventer l'infini au-delà de la haie. Il devait se libérer. Mais ton père s'y refusait. Il ne te restait plus qu'à fuir, et, parlant justement de la liberté qui t'était nécessaire pour donner un plein accomplissement à ta vie, tu continuais ainsi ta lettre :

Tu sais certainement que, non seulement dans une cité un peu vivante, mais même dans celle-ci, il n'est pas de jeune homme de dix-sept ans que ses parents ne suivent en vue de l'établir de la façon qui lui convient le mieux ; et je ne parle pas de la liberté dont tout le monde jouit à mon âge, alors que j'ai reçu à peine le tiers de cette liberté à vingt-et-un ans.

Qu'est-ce que la vie, Giacomo, sinon de pourvoir à son propre destin ? Qu'est-ce l'amour, sinon de trouver quelqu'un de valide et de fiable pour veiller à ce destin ? Comment faire pour vivre sans s'ennuyer si l'on ne donne pas libre cours à ce destin en le transformant en destination ?

Mais, laissant à part cela, bien que j'eusse donné de moi des preuves assez singulières et précoces, si je ne m'abuse, ce n'est pourtant que bien après l'âge habituel que j'ai commencé à manifester mon désir que tu pourvoies à mon destin et au bien de ma vie future de la manière qu'indiquait l'opinion de tout le monde. Je voyais des familles de cette même ville, bien moins aisées que la nôtre, et je savais qu'en beaucoup d'autres villes aussi, qu'à peine on découvrait un léger éclair de talent dans un enfant, on n'hésitait pas à faire de grands efforts pour lui trouver un état qui lui convienne et faire fleurir ses talents. Bien que beaucoup pensent que mon esprit répand un peu plus qu'un éclair d'intelligence, tu m'as cependant jugé indigne des sacrifices d'un père, et il ne te semble pas que le bien de ma vie présente et future vaille que tu changes quelque chose à tes plans familiaux. [...] Quand je t'ai demandé de me donner quelques moyens pour trouver à vivre d'une manière adaptée à moi, j'ai été accueilli par des éclats de rire, et tu n'as pas jugé devoir employer tes affections ou tes soins pour ce fils qui est tien. Je savais bien quels étaient tes projets pour moi, et je savais aussi que, pour assurer le bonheur d'une chose que je ne connais pas, mais que j'entends appeler la maison et la famille, tu exigeais de nous deux[1] le sacrifice, non point de biens ou de soins, mais de nos inclinations, de notre jeunesse et de toute notre vie. Du moment où tu ne pouvais obtenir ce sacrifice de Carlo et de moi-même, il m'était impossible de prendre en considération ces projets, que je ne pouvais accepter en aucune façon.

Ton père ne voulut pas pourvoir à t'établir quelque part loin de Recanati. Peut-être ne comprenait-il pas tout à fait tes talents et tes aspirations, peut-être ne te jugeait-il pas capable d'être autonome hors de son bourg, peut-être n'avait-il pas les moyens de le faire ou ta mère lui refusait-elle l'accès aux finances de la

1. Lui et son frère Carlo.

maison, qu'elle avait dû patiemment redresser. Toi, Giacomo, tu vivais cette situation comme le sacrifice de toi-même sur l'autel de parents aveugles ou qui simplement avaient des projets « plus sûrs » pour toi. Mais ton appel à la poésie et à l'amour (car tu cherchais aussi une femme qui t'aime et que tu puisses aimer) préférait, à la sécurité, la vérité et le risque.

Peut-être ton père pensait-il te protéger, peut-être t'aimait-il davantage que tes choix ne te permettaient de le croire. Il y a des pères, vois-tu, qui engendrent biologiquement mais oublient ensuite d'engendrer spirituellement leurs enfants : ils les laissent orphelins de sens. Mais ce ne fut pas ton cas. Monaldo, ton père, avait presque trop de sens à te donner, au point de te dicter le scénario de ta vie : en tant qu'aîné, tu devais hériter du palais familial, des domaines, de la bibliothèque, et des rentes pour pouvoir te consacrer à tes écrits comme un intellectuel libre de toute autre obligation. Mais ce scénario, que tu n'avais pas écrit de ta main, tu n'arrivais pas à le voir, et ton génie, asséché, se rebellait.

L'ennui t'était devenu insupportable. Non pas l'ennui superficiel, celui du « je ne sais pas quoi faire », de l'absence d'émotions fortes, mais la privation du destin et de la destination, cet état d'angoisse de qui sait qu'il n'est pas à sa place, de qui sait qu'il n'est pas en train de vivre assez, qui ne donne pas pleinement cours à sa vocation. Tu avais commencé à écrire, parce que l'écriture est le lieu où l'on surmonte la limite et où l'on combat sa propre incomplétude, en réparant tout ce qui peut manquer et en racontant comment les choses auraient pu ou dû se passer. Qu'était-ce écrire pour toi, sinon vivre ? Le mot « vie » n'est-il pas le plus fréquent de tes *Chants* ? En eux tu vivais à tel point que ton corps ne supportait plus cet exil, et ton génie lui demandait de le suivre au-delà de la haie des faciles sécurités.

Et cependant tu as laissé toutes ces années un homme de mon caractère se consumer dans des études meurtrières ou s'ensevelir dans l'ennui le plus terrible et par conséquent dans la mélancolie, fruit de la solitude et d'une vie jamais insouciante, surtout ces derniers mois. Je n'ai pas tardé à me rendre compte que toutes les raisons possibles et imaginables ne te détourneraient pas de ta décision, et que la fermeté extraordinaire de ton caractère, couverte par la dissimulation et l'apparence de céder, était telle qu'elle ne me laissait pas la moindre ombre d'espérance.

C'était l'heure pour toi de prendre en main ta vie tout seul : te charger de ton destin. Ta liberté est celle de la graine, qui décide de mourir en abandonnant ses vieilles habitudes et ses convictions rassurantes pour donner la plénitude à sa nature et à son ravissement. Il est plus sûr d'être sous la terre et dans l'écorce de son moi, mais on y est sans liberté. Libre est l'homme qui assume son propre sort comme un don et une tâche à accomplir, et qui reste fidèle à soi-même, parce qu'il en va de la possibilité d'offrir aux autres son essence, en s'opposant à la vile prudence qui nous rend semblables aux animaux, lesquels ont pour seul objectif la conservation de l'espèce : dans ce cas-là, oui, nous ne serions faits que pour la mort. Toi, Giacomo, réfléchissant sur la nature humaine, tu avais compris qu'elle est certes animale, mais qu'elle est aussi autre chose, capable de s'élever au-dessus de l'animalité et de la dépasser : c'est un embryon d'infini, un « ici » en quête d'un « au-delà ».

Tout cela et mes réflexions sur la nature des hommes, m'ont persuadé que, bien que dépourvu de tout, je ne devais me fier qu'à moi-même. Et maintenant que la loi m'a rendu responsable de moi-même, je n'ai pas voulu tarder davantage à me charger de mon destin. Je sais que le bonheur de l'homme consiste à être satisfait, et c'est pourquoi je serai plus aisément heureux en demandant l'aumône qu'au milieu des commodités dont je peux jouir en ce lieu. Je hais la vile prudence qui nous refroidit, nous ligote et nous rend incapables de toute grande action, nous réduisant à l'état d'animaux qui veillent tranquillement, sans autre pensée, à la conservation de cette malheureuse vie. Je sais que tu me jugeras fou, de même, je le sais, qu'on a traité tous les grands hommes de la sorte. Et puisque la carrière de presque tous les hommes de génie a commencé par le désespoir, je ne me soucie pas que la mienne commence ainsi. Je préfère être malheureux que petit, et souffrir plutôt que m'ennuyer, d'autant plus que l'ennui, qui est source pour moi de dépression mortifère, me nuit bien plus que tous les maux du corps.

Pour moi, cher Giacomo, ces lignes sont un chef-d'œuvre : elles rendent habitable le désespoir. Le génie commence par un désespoir qui en réalité est une espérance : il s'agit de laisser la sécurité du port pour entrer en haute mer et naviguer vers un autre continent de l'âme qui reste à découvrir et à habiter. Tu as écrit tes plus beaux vers en les laissant s'échapper de tes nuits obscures. C'est quand tu écris « Je préfère être malheureux que petit, et souffrir plutôt que m'ennuyer », que je te sens mon fraternel ami. Libérée du mythe de la sécurité, de l'équilibre, de la commodité, la vie est dans tes mains, elle pulse, elle fait peur, elle tord les entrailles, elle provoque des larmes et des insomnies. Mais c'est la vie même, et son contraire, ce ne sont pas le malheur et la souffrance, mais la pusillanimité et l'ennui qui en découle. Le dessèchement de qui reste graine et ne donne pas de fruit, de qui ne se donne pas par amour. Chez ce genre d'êtres, la peur de souffrir prévaut sur la volonté de vivre, le cœur se durcit, comme un oiseau qui tiendrait ses ailes repliées par peur de leur poids, par l'absurde peur d'être fait pour voler. Merci, Giacomo, je te promets de toujours fuir la petitesse et l'ennui, et de leur préférer le malheur et la souffrance, et la fidélité à la vie.

Dans ton cas, cela signifiait abandonner la sécurité de la maison paternelle, où l'on mesurait la grandeur avec des mètres et des calculs, sur la base de l'utilité :

Les pères ont coutume de juger plus favorablement leurs enfants que ne le font les étrangers, mais toi, au contraire, tu me juges plus défavorablement que toute autre personne et c'est ainsi que tu n'as jamais cru que je sois né pour rien de grand. Peut-être ne reconnais-tu d'autre grandeur que celle qu'on mesure par des calculs et avec un mètre ? Mais, là-dessus, nombreux sont ceux qui sont d'une autre opinion ; pour moi, de même que désespérer de moi ne peut que me nuire, de même je ne me résigne pas à l'idée de vivre et de mourir comme mes ancêtres.

Puis tu t'excusais d'avoir dû soustraire un peu d'argent pour pouvoir survivre, au moins les premiers temps. Il n'était pas si facile de s'enfuir de Recanati et d'arriver à destination, et tu avais dû demander un passeport en cachette, mais tu étais disposé à tout plutôt que de mourir de désespoir dans cette saison de la vie faite pour l'espérance.

T'ayant expliqué les raisons de mon choix, il me reste à te demander pardon du trouble dans lequel te jettera cette lettre et de ce que j'emporte avec moi. Si ma santé avait été moins incertaine, j'aurais préféré mendier de porte en porte plutôt que de toucher à un seul centime qui t'appartienne. Mais étant faible comme je le suis, et ne pouvant plus rien espérer de toi, si j'en crois les propos désinvoltes que tu as délibérément tenus à plusieurs reprises, je me suis vu obligé, pour ne pas m'exposer à une mort certaine au milieu de la route dès le deuxième jour, de me comporter comme je l'ai fait. J'en souffre affreusement, et c'est là la seule chose qui me trouble dans mon choix, quand je pense que je vais te déplaire, toi dont je connais le cœur si bon et les soins que tu as prodigués pour me faire vivre satisfait dans ma condition. Je t'en suis reconnaissant de toute mon âme, et il me pèse infiniment de paraître affecté de ce vice que je déteste plus que tous les autres : l'ingratitude. Ce n'est que la différence de nos opinions – qui ne pouvait absolument pas être comblée, et qui devait nécessairement me conduire soit à mourir ici de désespoir, soit à me porter au pas que j'ai décidé de franchir – qui est la cause de mon malheur. Pour mon châtiment, il a plu au Ciel que le seul jeune homme de cette ville qui ait des pensées un peu plus larges que celles de la province t'échoie comme fils, et que le seul père qui juge ce fils comme une disgrâce m'échoie à moi. Ce qui me console, c'est de penser que cette action est le dernier déplaisir que je te cause et qu'il te permettra de te libérer du continuel ennui de ma présence, et de tant d'autres dérangements dont ma personne a été cause et le serait encore davantage dans l'avenir.

Mais tu promettais que tu restituerais cet argent, Giacomo, et tu suppliais ton père de se souvenir de toi, non comme un malfaiteur, mais toujours comme un fils, qui ne reniait pas tout l'amour qu'il portait à celui qui lui avait donné naissance :

Mon cher papa, si tu me permets de t'appeler de ce nom, je m'agenouille devant toi pour te prier de pardonner ce malheureux que je suis par nature et par les circonstances. J'aurais voulu que mon infortune fût seulement à moi et que personne ne s'en ressentît, et c'est ce que j'espère pour l'avenir. Si la fortune me fait un jour posséder quelque chose, ma première pensée sera de rendre ce qu'aujourd'hui la nécessité me contraint à prendre.

La dernière faveur que je te demande, si jamais quelque souvenir te revient de ce fils qui t'a tant aimé, c'est de ne pas le chasser comme odieux et de ne pas le maudire : si le sort n'a pas voulu que tu puisses le louer, ne renonce pas au moins à m'accorder cette compassion qu'on ne refuse même pas aux malfaiteurs.

Avec la sortie de la maison finit l'adolescence, on embrasse la vie sans filet, on affronte le destin. Après avoir donné libre cours à l'excès d'espérance est venu le temps de l'expérience, et de ses excès.

Il est temps d'inaugurer une autre étape : la maturité.

LA MATURITÉ
ou l'art de mourir

Le sentiment et l'enthousiasme, qui étaient les compagnons et l'aliment de ma vie, se sont dissipés pour moi d'une effrayante façon. Il est temps de mourir. Il est temps de céder à la destinée.

Lettre à Pietro Brighenti, 21 avril 1820

Cher Giacomo,

Ta fuite échoua. Il t'arriva ce qui arrive à beaucoup d'adolescents qui transgressent, c'est-à-dire qui « vont au-delà » : la peur d'être découvert se transforme en une espèce de prophétie qui se réalise. Qui de nous ne se rappelle une transgression que nos parents ont ponctuellement découverte ?

Celui qui devait te fournir le passeport se félicita auprès de ton père (ils étaient amis) du prochain départ de son fils vers le monde, lui révélant ainsi, sans le savoir, tes projets de fugue, qui partirent en fumée et dont ton père ne sut jamais les raisons profondes. La lettre resta un secret entre toi, ton frère Carlo et ta sœur Paolina, les seuls grands amis de cette phase de ta vie. Mais, tandis que ton cœur restait plein d'un sentiment de mort, à moi il me reste ta lettre : la rencontre entre toi et ton destin.

Quand on a découvert pour quoi mourir, il faut alors mourir vraiment, et la jeunesse est le bon moment pour le faire, parce qu'on a les forces pour renaître. Par le mot « mort », tu entends le choc contre les inévitables obstacles, les échecs, les conséquences funestes, les blessures que la vie oppose à notre ravissement, à notre excès d'espérance. S'opposer à la fortune, c'est accepter toute l'incertitude de qui se charge de son destin et en fait un devoir.

Si l'adolescence est l'âge fait pour découvrir pour quoi il vaut la peine de vivre, la maturité est le moment où l'on se heurte à ce qui, dans la vie de tous les jours, nous fait expérimenter la mort au moment même où nous cherchons à réaliser ce par quoi la vie vaut la peine d'être vécue : un projet, une relation, un travail… Toi, Giacomo, tu m'as appris que le secret de la maturité, ce n'est pas de s'opposer à la mort en voulant l'éliminer de l'horizon de la vie, mais de réussir avec la mort provisoire et apparente des rêves, des projets, des destins.

Mais pour que cela soit possible, il faut s'avancer dans le *no man's land* où l'excès d'espérance, qui nous a conduits jusque-là, se mêle à l'excès d'expérience d'une pénible route. On se sentait irremplaçable, unique, et voilà qu'on se découvre remplaçable et peut-être non nécessaire dans le grand orchestre de l'Histoire. La fragilité, d'abord vécue comme une faim d'infini que rachète la limite, devient maintenant la tentation d'accepter de n'être que limite. Héroïsme et érotisme sont menacés par une multitude de petites morts, et la maturité consiste à traverser ce désert d'espérances déçues, en gardant la confiance qu'il existe une terre promise, laquelle, plutôt qu'ailleurs, doit être cherchée et cultivée au fond de nous-mêmes.

Mais le désert qui nous en sépare est-il une condition provisoire ? À quoi sert-il, Giacomo, pour habiter cette défaite sans se réfugier dans un monde infantile, protégé de la vie ? Peut-on poursuivre sans renoncer à la hauteur, à l'infini ? Comment faire pour continuer à espérer sans cesse quand il ne reste que les décombres de tout ce que nous avions imaginé ? Comment, après l'enchantement juvénile, ne pas glisser dans le désenchantement adulte ?

Vient le silence

> À présent, je suis aride et creux comme un roseau sec : aucune passion ne trouve plus l'accès de cette pauvre âme, et la puissance même, éternelle et souveraine, de l'amour est anéantie pour moi, à l'âge où je me trouve.
>
> *Lettre à Pietro Giordani*, 6 mars 1820

Cher Giacomo,

Il arrive un moment dans la vie d'un adolescent où la parole s'évanouit. Toute réponse se réduit alors à un son irrité, à un grognement, ou au proverbial « Rien… », qui résonne toutes les fois qu'une mère demande à son fils qui rentre du lycée : « Qu'as-tu fait aujourd'hui ? »

Ce « rien » est le signe le plus prometteur de la peur qu'a la graine de mourir, ce silence et cette solitude sont nécessaires pour que se crée un espace – intimité ou intériorité – dans lequel la graine pourra se briser quand elle en trouvera le courage. La plupart des graines portent en elle le premier aliment pour s'ouvrir, cette pulpe que nous goûtons souvent comme un fruit, protection et nourriture pour une graine généralement plus petite.

Après l'échec de ta fuite, Giacomo, ton ravissement semble se dissiper, ta parole s'éteindre, ton espérance dans l'avenir se réduire à un souvenir du passé. Commence un silence poétique presque total, qui durera six ans, de 1822 à 1828, silence qu'occupent seules des pages de prose, parmi les plus froides et les plus ironiques de ton œuvre. L'expérience a balayé toute illusion, toute graine de futur. Il n'y a plus aucun destin capable de devenir destination, le ravissement se réduit à un murmure lointain auquel il est de plus en plus difficile de prêter foi. Que de fois, dans la vie des hommes, arrive-t-il que la fulgurance du ravissement se trouve réduite et repoussée dans l'angle le plus obscur de la boîte à rêves, comme une illusion balayée par la réalité. Du grand amour, du grand rêve, du grand avenir ne reste qu'un écho lointain, comme un remords. Le remords du destin perdu.

Cependant, même si dans le cours d'une vie aucune de nos cellules ne reste identique, nous savons qu'en nous se trouve un noyau stable, qui dure dans le temps, un lieu intact, originaire et original, d'où semblent naître nos paroles et nos actions les plus personnelles, depuis l'enfance jusqu'à la vieillesse. C'est un lieu toujours nouveau et renouvelable, d'où émane une espèce de sécurité insouciante, le lieu intérieur où nous pouvons contenir la vie et nous sentir contenu par la vie.

L'écriture nous conduit graduellement à ce lieu, là où jaillit la source. C'est du reste pourquoi je ne trouve pas étonnant que l'adolescence soit l'âge de journaux intimes, d'écritures obsessionnelles, de rêves de devenir écrivain, parce qu'écrire, c'est descendre dans le cœur du cœur pour apprendre à s'habiter soi-même et habiter ainsi la vie. La plume devient une pioche, la page une lumière.

Tes bien-aimés Anciens le savaient : pour eux, les mots *fatum* (destin) et *fabula* (fable) avaient la même origine. Ils viennent d'une racine commune qui désignait le « dire » sacré, le dire des dieux, le dire souverain, le dire qui s'accomplit. Quand Zeus « dit », les choses arrivent et sont : il détermine le *fatum*, le destin. De la même racine vient le mot *fabula*, la fable, le récit. Le suffixe *-bul* s'unit aux racines verbales pour indiquer l'espace où se réalise ce que désigne la racine. De fait la *fabula*, le récit, est exactement le lieu et le moyen grâce auquel le destin (le *fatum*) nous atteint et s'accomplit. *Lupus in fabula*[1], pour un Romain de l'antiquité, ne signifiait pas que la personne citée arrivait par une pure coïncidence, mais, tout au contraire, parce qu'elle était évoquée par le discours. Les récits préparent les choses et les font advenir. Sans paroles qui racontent, il n'est pas possible en nous de découvrir notre histoire : on sait que les moments que nous passons à « rêver les yeux ouverts » sont consacrés à des hypothèses narratives dont nous sommes les protagonistes et par lesquelles nous modifions le passé et préparons le futur. L'enfant privé de fables est privé du scénario qui servira à construire sa vie ; c'est pourquoi il aime à les entendre répéter, parce que cette fable dit comment sont les choses et construit ce que Vico[2] appelait une « métaphysique imaginaire ».

Lorsque j'offris à mon neveu une version abrégée de l'*Odyssée*, chaque soir, sous les étoiles du ciel d'été, toute la famille se réunissait pour en écouter quelques pages. Giulio ne cessait de poser des questions, parfois très difficiles. Il sentait que cette histoire le concernait, malgré son éloignement, et c'est pourquoi, chaque soir, il se présentait le livre à la main en disant : « Combien on lit de chapitres aujourd'hui ? »

Souvent, ceux qui ne lisent pas de *fabulæ*, d'histoires qui racontent le destin d'autres personnes, ne savent rien de leur propre destin et se contentent de ce succédané : la *fama* (la réputation). Ce terme a lui aussi la

1. Adage latin qui correspond à notre « Quand on parle du loup... ».
2. Giambattista Vico (1668-1744), grand philosophe napolitain, initiateur de la philosophie de l'histoire.

même racine : c'est la parole qui voyage de bouche en bouche sans une source autorisée ; ici, la source est l'accumulation de voix horizontales et non la voix verticale, celle qui a l'autorité de la hauteur (du dieu) et de la profondeur (du moi). Sans *fabula*, le *fatum* n'a ni lieu ni moyen de venir au jour et de s'accomplir : il cède le pas au « comme tout le monde le dit », et au « tout le monde fait ça comme ça ». Il est un proverbe juif que j'affectionne : « Dieu a créé l'homme pour l'entendre raconter des histoires. » L'homme, souffle modelé de temps et de chair, est le seul être capable de raconter sa *fabula*, son destin et ses destinations. Les animaux poussent des cris ou des chants ; les végétaux, des feuilles ; les roches se taisent. L'homme raconte. Le langage est la maison de notre « vivre », où il croît avant d'être mis en pratique.

Un grand réalisateur disait que la trame d'un film arrache un sens au flux de la vie. Quand je raconte mon histoire à un nouvel ami ou à la personne dont je me suis épris, je choisis certains moments, et, en faisant la *fabula* de ma vie, je me possède, j'ai prise sur moi-même. Et que puis-je choisir sinon ce qui me rend, dans le passé, le présent et le futur, moi-même ? Si je ne suis pas protagoniste d'un récit au moins, le mien, je m'évanouis, ou plutôt j'ai déjà disparu.

Toi, Giacomo, après l'échec de ta fugue, tu as passé de nombreuses années sans faire de vers, mais non sans écrire. Tu as dû attendre presque deux autres années pour quitter Recanati avec l'accord de tes parents, commençant un voyage, coupé de retours à la maison (Rome, Recanati ; Milan, Bologne, Recanati ; Pise, Florence, Recanati) par suite de la désillusion causée par ces lieux dont tu avais tant rêvé, et dans lesquels, à quelques exceptions près, tu ne trouvas pas ce que tu espérais : ni l'adhésion du public à ton art ni le travail qui t'aurait permis de subvenir longtemps à tes besoins.

La graine du ravissement devait s'enraciner plus profondément, sa croissance semblait momentanément suspendue au contact du monde et de ses intempéries, il lui fallait plus de force, plus de vigueur. La prose devient alors l'instrument de recherche de profondeur. Le ravissement est protégé par la cuirasse de la froideur philosophique et rationnelle, mais néanmoins pleine d'imagination, des *Operette morali,* comme une couverture de neige sous laquelle la terre semble morte, alors qu'en réalité elle repose pour devenir plus fertile encore. Le chant, purifié des illusions de l'adolescence, devra se tenir à égale distance de l'enchantement et du désenchantement. C'est le temps du silence, de la nuit obscure. Il ressemble à cette phase de l'amour où semble s'achever l'enchantement qui faisait apparaître toute chose parfaite – alors que l'amour requiert seulement de croître et de s'enraciner plus profondément, plus patiemment, pour une floraison ultérieure.

C'est un temps fécond, même s'il semble être tout le contraire. L'art du silence est le plus difficile à apprendre, à cause de son apparente absence de fruits et de joie. Peu nombreux sont ceux qui persévèrent et en goûtent la pulpe.

Après un hiver de presque six ans, un printemps meilleur se prépare, une riche récolte, un destin plus plein de destination, précisément parce qu'il a été mis à l'épreuve.

La vie est une promesse non tenue. Demandez-le à *Silvia*

> Revoyant chez moi mes papiers et mes travaux, et me rappelant mon enfance, et les pensées, les désirs, les belles visions, les occupations de l'adolescence, mon cœur se serrait au point que je ne savais plus renoncer à l'espérance – la mort m'épouvantait-elle ? Non pas comme mort, mais comme destruction de toutes les belles attentes du passé.
>
> *Zibaldone*, 26 juin 1820

Cher Giacomo,

Dans tes premières idylles poétiques, à travers un cœur réconcilié avec la raison, tu avais cherché l'harmonie entre l'homme et la réalité, dans un mariage plein de promesses. Mais, à l'épreuve des faits, ce mariage ne fut pas heureux.

La fugue a échoué, et tous les rêves, les illusions, les projets, sont détruits. Tu erres dans les décombres d'un futur ardemment rêvé, décombres grandioses comme ceux d'un édifice pointant vers le ciel.

L'expérience de la vie ne répond pas à cette tension d'infini, rien ne nourrit le cœur de façon satisfaisante, la félicité ne t'est pas refusée à toi seul, mais à tous tes contemporains : il est insuffisant de reconstruire le rapport avec la nature pour la retrouver dans l'autrefois : le passé est barré. Le rêve de s'avancer de soi-même dans l'infini ne suffit pas, l'idylle retrouvée avec la nature se révèle être un simple rêve romantique. La jeunesse, âge du cœur, reste la période la plus cruelle, justement parce que la soif est plus profonde. Une de tes poésies les plus mélancoliques, *À Silvia*, écrite juste après le long silence poétique, en est l'emblème. Silvia, souvenir pur et frais de tes années heureuses, devient le symbole de la fragilité de toute espérance, de toute illusion, de tout bonheur possible et accompli. Et pourtant, Silvia est justement le passage par lequel tu sors de ton silence.

C'est ce que vient de me rappeler une très belle lettre que j'ai reçue ces derniers jours d'une jeune fille de dix-huit ans : « Mon histoire est un peu triste, et je ne suis vivante que par miracle. Je suis née prématurée, au sixième mois de la grossesse, et cela a été cause de nombreux problèmes. J'ai une malformation congénitale du cœur qui a manqué m'arracher à la vie. On ne peut pas dire que j'ai combattu et vaincu, car, pour parler clair, la nature va son chemin et nous n'y pouvons rien faire, nous pouvons la limiter à travers des soins médicaux, mais, quoi qu'il en soit, elle suit son cours.

Depuis quelques années, mon état a empiré, j'ai été hospitalisée et opérée plusieurs fois. Je suis restée dans le coma plusieurs mois, bien que j'aie voulu vivre pleinement ma vie. C'est ainsi que j'ai tout perdu, amitiés, passions, habitudes. Ma vie s'est vidée et je n'ai rien pu faire. Je me suis réfugiée dans la lecture, et les livres que j'ai préférés sont justement les vôtres. Indirectement, vous m'avez aidée. En vous lisant, j'ai trouvé une force que je ne pensais pas posséder, mais ce qui m'a le plus aidé, ce sont les encouragements des dernières pages de *Cose che nessuno sa*[1]. Je sais bien que cette lettre ne sera pas lue et que ce que j'ai écrit n'est que paroles jetées

1. « Des choses que personne ne sait. »

au vent, mais je me sentais en devoir de vous remercier pour m'avoir sauvée et pour tout ce que vous avez réussi à faire de si loin. Ma maladie, hélas, n'est pas guérie, et je ne sais pas combien de temps je vivrai encore. Mais tant qu'il est une miette d'espérance, je veux continuer à vivre le mieux possible, non pour les autres, car eux aussi passent, mais pour tout ce que j'ai supporté et ce que je supporterai, et pour réussir, à la fin, à dire qu'il valait la peine de souffrir, car la vie est vraiment le don le plus précieux que nous avons reçu. »

Cher Giacomo, je trouve dans cette lettre le paradoxe de la jeunesse. Celui-là même que tu ressentais dans la vie de Silvia, qui cherche à passer la limite, heureuse et courageuse, comme tous les jeunes gens :

Et toi, pensive et gaie, tu gravissais
Le seuil de la jeunesse.

À Silvia tout apparaît plein de douces promesses, comme à toi, Giacomo, quand tu chantais l'infini :

… Heureuse
De ce vague avenir que tu rêvais en toi.

La jeunesse est l'infini incarné, la limite emplie d'espérance. Mais plus grande est l'espérance et plus la douleur est grande, comme dans un amour qui n'est pas réciproque – que le destin soit aussi une destination est un aveuglement :

Quelles pensées suaves,
Quels espoirs et quels cœurs, ô ma Silvia !
Tels alors nous semblaient
La vie humaine et le destin !
Quand de tant d'espérances il me souvient,

Cruel et désolé,
Un sentiment m'opprime,
Et j'en reviens à souffrir de mon malheur.
Ô Nature, Nature,
Pourquoi ne tiens-tu pas
Ce que tu promettais alors ? Pourquoi tromper
Si bien tes propres fils ?

Tout excès, toute illusion d'avenir, sont trahis ; Silvia meurt. La vie se révèle comme un paradoxe qu'il faut habiter, un infini mortellement blessé, une trahison de ce qui aurait dû la sauver et te sauver, votre jeunesse même :

Bientôt mourait aussi
Ma très tendre espérance : à mes années
Les destins refusèrent aussi
La jeunesse. Ah, comme,
Comme tu es passée,
Chère compagne de mon jeune âge,
Mon espérance pleurée !
C'est donc cela, le monde ? Cela,
Les plaisirs et l'amour, l'œuvre et les aventures
Dont nous avions tant devisé ensemble ?
C'est donc cela, le sort du genre humain ?

Bel exemple d'une de tes listes d'implacables demandes ? Nul comme toi ne sait user des doutes de la poésie, Giacomo, cœur intelligent. Tu t'attardes sur le seuil de l'existence avec des questions qui te laisse, toi et ton lecteur, en suspens.

Plaisirs, amours, travail, aventures, écris-tu, ne sont qu'une guirlande trompeuse d'un carnaval qui ne dure qu'un jour, quelques battements d'ailes de papillon, des beautés fragiles et éphémères. Et la vérité de la mort, limite par excellence, tant physique que spirituelle, révèle ce qu'est cette tension juvénile vers l'infini : rien d'autre qu'un doigt qui indique avidement la mort. Le doigt de Silvia voudrait toucher l'éternel, comme celui d'Adam, dans la chapelle Sixtine, voudrait toucher le doigt du Créateur. Mais il n'y aucune éternité, aucun Créateur : seulement le néant de la mort, et le doigt reste suspendu vers cette limite absolue :

À peine la vérité parut
Que tu tombas, malheureuse, et de la main
La froide mort et une tombe nue
Tu nous montrais de loin.

La main de Silvia, d'abord appliquée à tisser la toile réelle (« Et de ta main rapide / qui parcourait l'âpre toile ») et métaphorique du vivre, tandis qu'elle chantait, interrompant tes propres travaux, n'indique plus maintenant que la froideur de la mort et de la pierre tombale, déjà de si loin…

Être-là c'est être pour la mort. Il n'y a aucun infini. Si tu suis la ligne tracée par le doigt, tu ne découvres, par avance, que la pierre tombale. Cette façon de signaler l'avenir n'est pas une espérance mais un acte d'accusation.

Et pourtant, après tant d'années de silence, il y là quelque chose de neuf. Quelque chose qui ne tient à rien. Avec Silvia, tu te reprends à chanter, transformant la tragédie en élégie, après avoir habité un silence poétique uniquement rempli par une prose raisonneuse et ironique. Et tu projettes en Silvia toute ta mélancolie, toute ta fragilité de survivant du naufrage.

Silvia était la fille de votre cocher : Teresa Fattorini. Une maladie lui avait peu à peu ôté la respiration, douleur que tu connaissais bien toi aussi et dont tu ne fus soulagé que durant ton séjour à Pise, quand tu composais ces vers. Tu la ramènes à la vie pour en faire une martyre, un témoignage, avec son doigt pointé vers la tombe, qui scelle le néant. Ta douleur, non pas ton pessimisme (les pessimistes ne chantent pas), se fait cosmique, tu sens la douleur du cosmos entier et tu t'en charges en le transformant en chants construits comme des *canzoni* à schéma libre, que tu appelas un temps les « grandes idylles », mais qui n'ont vraiment rien d'idyllique. Ce sont des chants d'une douleur déployée, qui témoignent du drame de la vie tout en nous montrant la nostalgie de la tension vers la plénitude. La nature a tué Silvia, nom de mélancolique mémoire poétique que tu anagrammatises dans le douloureux « *salivi* » (« tu montais ») de la jeunesse, une montée vers la tombe et non vers le panorama tant soupiré, quand marcher vers l'avant est tout espérance. La nature cherche à faire la même chose avec toi, mais, passant au-delà de Silvia, tu t'emportes contre le néant, en lui barrant le passage avec les nouveaux chants que tu tires du silence.

Il y a quelque chose d'affirmatif dans ce retour au chant, au moment même où les ténèbres semblent s'épaissir : le même paradoxe que celui de la jeune fille née prématurée qui m'a écrit, ancrée dans la vie avec plus de force qu'un autre qui serait né à terme. Mais à présent le naufrage dans l'infini est tout autre que doux. « Amer » est l'adjectif juste, et tu l'emploieras de plus en plus souvent dans tes chants futurs, qui ne sont plus la recherche d'un infini au-delà de la limite, mais les pleurs de l'échec.

Sert-il encore à quelque chose de chanter la vie, Giacomo quand elle désigne la mort ? Si nous sommes des êtres qui indiquent la mort, surtout quand la vie est plus pleine en nous, pourquoi garder foi en elle ?

Entrer dans la nuit

J'étais épouvanté de me trouver au milieu du néant, néant moi-même. Je me sentais comme étouffer en pensant et sentant que tout est néant solide.

Zibaldone, 1819-1820

Cher Giacomo,

La vie sait parfois faire preuve d'une cruauté chirurgicale, précise jusqu'au sadisme. Elle semble vouloir reprendre les dons les plus précieux qu'elle nous a donnés. Lentement mais inexorablement, elle aveuglait tes yeux sous les effets d'une ophtalmie qui, par périodes toujours plus longues, t'interdisait de faire la seule chose capable d'adoucir tes souffrances physiques et morales et de te permettre de gagner ta vie pour pouvoir vivre loin de Recanati sans dépendre de tes parents : lire et écrire. Comme Beethoven fut graduellement privé de l'ouïe, on te demanda, à toi, de te priver de tes yeux, jusqu'à haïr la lumière à cause de la douleur qu'elle te provoquait. « Je ne dirai rien sur mes yeux, qui m'ont réduit à l'état des hiboux, qui haïssent et fuient le jour » (*Lettre à Pietro Giordani*, 13 juillet 1821).

La première grave crise qui affecta tes yeux, si grave que tu redoutas de rester aveugle, est contemporaine de l'échec de ta fuite et de l'origine de la crise spirituelle qui te précipite dans une nuit intérieure que tu évoqueras comme ta « conversion philosophique ». Tu abandonnes toute espérance pour te donner à la recherche de la vérité des faits : tu ne fuis plus par-delà la haie, mais tu étudies la haie et son être-là comme obstacle infranchissable. Le cœur éliminé, la raison tourne au rationalisme.

Tu as cessé de croire en Dieu, parce que tu lui attribues toute ta douleur comme une condamnation railleuse : le Créateur appelle l'homme à la vie, puis il lui en refuse la saveur. Certes, il y a de la beauté dans les choses, mais pas dans la vie humaine.

Je suis tellement étourdi du néant qui m'entoure que je ne sais comment j'ai la force de prendre la plume [...]. Je ne vois plus de différence entre la mort et cette vie qui est la mienne, où la douleur elle-même ne vient plus me consoler. C'est la première fois que l'ennui non seulement m'opprime et m'accable, mais qu'il m'étouffe et me déchire comme une douleur des plus cuisantes ; et je suis si épouvanté de la vanité des choses et de la condition des hommes, une fois que toutes les passions sont mortes, comme elles le sont dans mon âme, que j'en viens à sortir de moi-même en considérant que mon désespoir même est néant.
(Lettre à Pietro Giordani, *19 novembre 1819)*

La nuit a pris le dessus, même intérieurement. On ne « sort pas de soi » pour se trouver soi-même, mais pour se perdre tout à fait. Et pourtant cet « hors de soi » est une conséquence directe du ravissement, qui n'a pas trouvé de terrain où devenir réalité, c'est du moins ce qu'il semble. Mais justement cette chute est nécessaire, justement c'est cela, la maturité.

Il ne reste plus qu'à s'abandonner au désespoir, Giacomo, il ne reste qu'à embrasser la nuit, des yeux et de l'esprit. De très violentes migraines t'obligent à te coucher à l'aube et à te lever la nuit pour éviter la lumière du soleil. Les pages du *Zibaldone* se font de plus en plus serrées, en même temps que s'accroît la prose rationaliste des *Operette morali*. Des espérances ne restent plus que les souvenirs du passé, pour souligner que ce furent des mirages. Silvia, retour du chant après un long silence, n'a été en réalité qu'un retour au passé pour démasquer ses illusions. À présent, l'ennui envahit l'âme.

Cet ennui, qui peut nous frapper au travail comme en vacances, n'est pas le contraire du divertissement, mais le vide de sens. Tu dirais, toi, le vide des sens, qui ne trouvent pas de plaisirs suffisants pour les apaiser. Ce n'est pas l'ennui qu'on peut éprouver en lisant un livre, en regardant un film ou en ayant une occupation répétitive ; c'est un ennui qui concerne l'être et qui précipite tout dans une obscurité sans différences : nous devenons indifférents à tout.

Dans ces situations, on s'illusionne en croyant que quelque divertissement pourra combler le vide, mais celui-ci se trouve à une profondeur que le divertissement, qui n'est capable que de nourrir la surface de notre moi, ne saurait atteindre. Le divertissement divertit, décentre, éloigne, quand il faudrait au contraire se convertir, se concentrer, ramener au centre et partir du centre. On ne peut saisir la vie qu'à partir du recueillement. Le divertissement, entendu comme une fuite, peut s'alimenter et se répéter à outrance, mais le vide reste là, ou plutôt la distraction devient justement la façon de ne pas éprouver le vide, comme ceux qui gardent la radio ou la TV allumée, même sans y prêter attention, par peur du silence et de la vérité dont il est porteur.

C'est de tes lieux originels que j'ai appris quelque chose du silence, du silence extérieur. Je me rappelle la première fois que je suis allé à Recanati : dans une tiède soirée d'été, à la clarté de la lune, je me suis assis dans la campagne, en regardant du côté de la mer, et, dans le silence, je sentais les champs ondoyer sous le calme vent. Tout semblait si simple et si clair, tout si évident, qu'il fallait dire à tout le monde que la beauté existe dans le monde. Seul quelque bruit de voiture au lointain interrompait de temps à l'autre l'idylle. Toi, tu interceptais tous les sons, même les plus infimes : le sifflotement d'un paysan rentrant à la maison, le bruit des feuilles d'une saison vivante, le chant répété de la poule dans la basse-cour. Ce jour-là j'ai compris que seul le silence permet à l'homme de dépasser le temps dans lequel il vit. Toi, en chantant, tu m'as appris à considérer le silence comme exploration des possibles. C'est aussi pour cela que je ne cesse de te relire, pour te sentir à mes côtés comme un ami : quand il y a trop de bruit dans ma vie, je retourne en pensée à cette soirée à Recanati et à la dimension vespérale de toute vie, celle qui dispose au silence, au repos, à la lecture, à la prière, à l'amour. Personne ne connaît sa propre profondeur s'il ne descend l'un après l'autre les degrés du silence, pour se retrouver face à lui-même, sans masques, sans fictions, là où niche la vérité la plus nue.

Mais le divertissement, Giacomo, n'est pas à rejeter en bloc, s'il nous apparaît comme une solution ou comme un soin. Qu'as-tu à nous apprendre ? Quelle voie nous indiques-tu ?

Se divertir signifie se référer à quelque chose qui est « divers » dans le sens de différent, s'entretenir avec quelque chose de différent de ce qui nous a occupés jusque-là. Abandonner le toujours égal pour se référer au « nouveau ». Mais qu'est-ce que le nouveau ? Aujourd'hui, le nouveau n'est que le plus récent : le nouveau modèle, la nouvelle boutique, la nouvelle boîte, le nouveau jeu, le nouvel album… Mais qui cherche le nouveau dans le plus récent se trompe souvent.

L'ennui est le manque de la nouveauté. Le nouveau ne s'oppose pas au « vieux », tu le sais bien, Giacomo, mais au « toujours égal », et il n'est pas vraiment nouveau parce qu'il arrive *après* mais parce qu'il est *supérieur* et *meilleur* en raison de sa profondeur. Le « plus récent » est déjà vieux quand je le possède, alors que le nouveau est ce qui se renouvelle continuellement du fait d'une force intrinsèque, comme les cernes d'un arbre qui se forment à chaque cycle saisonnier autour du centre vital. Ce qui est vieux, c'est ce qui, étant épuisé, ne peut plus rien donner de soi. Une sonate de Beethoven, un tableau de Cézanne, un chant de Dante sont plus nouveaux qu'un « tube » musical (qui dure et s'épuise le temps d'une saison), parce qu'ils donnent toujours plus d'eux-mêmes. Le nouveau ne doit donc pas être nécessairement différent, mais il peut être le même sans devenir pour autant uniforme. Quand un cœur dit à un autre cœur : « Je t'aimerai pour toujours », quelle prétention avance-t-il sinon qu'il réussira à trouver toujours du nouveau dans la même personne, l'infini dans le fini ? Cela dépendra de sa capacité à s'arrêter, à patienter, à parvenir à une strate ultérieure de profondeur de lui-même et de l'autre. Le nouveau est capable de nous rappeler notre nouveauté, quand nous nous sentons vieux et bons à être relégués de côté.

Par exemple, on dit aujourd'hui que l'école est ennuyeuse, et c'est vrai ; mais on se trompe en pensant qu'il faut en conséquence qu'elle devienne amusante, divertissante dans le sens superficiel que nous avons vu plus haut. Elle doit en revanche devenir intéressante, c'est-à-dire réellement nouvelle : capable d'éveiller l'étonnement et de susciter des chercheurs d'infini, de garder allumée la flamme des possibles.

Mais existe-t-il au monde quelque chose qui soit éternellement nouveau ? Tu n'y crois pas toi-même,

Giacomo. Alors la vie est une triste condamnation. C'est le moment du désenchantement, c'est ce qu'à ton propos l'école appelle, de manière trop hâtive, le pessimisme cosmique. Tu comprends que ce n'est pas l'Histoire et ses précaires conditions qui font obstacle au bonheur, il ne s'agit pas de récupérer quelque chose que l'homme aurait perdu en route. Le malheur est l'état constitutif des choses. La nature contraint l'homme aux illusions, mais ensuite elle ne lui donne pas les moyens d'atteindre ce bonheur. Elle lui donne la soif, mais elle ne lui donne pas les moyens de se désaltérer, la source à laquelle puiser ou le seau pour arriver jusqu'à l'eau du puits.

Que faire de cette ardeur qui cause la soif si elle n'est qu'une plus cruelle condamnation ? Pourquoi se croire supérieur au poisson rouge qui, dans son bocal de verre, voit la mer ? À quoi sert d'avoir la conscience de l'avenir et non pas seulement celle d'un éternel présent ? Pourquoi avoir tout cet avenir dans le cœur, s'il doit se révolter contre nous-mêmes et nous précipiter dans une chute plus affreuse ?

Le jeune homme qui, à son entrée dans la vie, se trouve, pour n'importe quelle raison ou circonstance, et quel qu'en soit le mode, rejeté par le monde [...] ; ce jeune homme, dis-je, qui, du fait de ses parents, comme il arrive souvent, ou par les gens de l'extérieur, se trouve rejeté et exclu de la vie [...] au point que ces obstacles en viennent à être extraordinaires et à prendre un poids plus puissant qu'ils n'ont habituellement, à cause de sa singulière sensibilité, de son imagination, de sa susceptibilité, de sa délicatesse d'esprit et de caractère, de vie intérieure, et donc de son extraordinaire tendresse envers lui-même, de son amour-propre bien supérieur, de sa fureur et de sa fièvre de bonheur et de jouissance [...], ce jeune homme transporte et retourne bien souvent toute l'ardeur et la force morale et physique, qu'elles soient habituelles à son âge ou

propres à son caractère, ou toutes les deux ensemble, cette force et cette ardeur, dis-je, qui le poussaient vers le bonheur, l'action, la vie, il les retourne pour se procurer le malheur, l'inactivité, la mort morale.
(Zibaldone, *5 novembre 1823)*

Tu parlais de toi, je le sais, Giacomo, mais tu parlais aussi de bien des gens qui jugent leur originalité comme une faute. Le monde voudrait qu'ils soient normaux, c'est-à-dire médiocres, jusqu'à leur faire croire que cette unicité qui est la leur est une erreur. Et, par peur que leur ravissement ne se réalise pas et pour ne pas souffrir davantage, ils fuient cette résistance de la vie qui provoque chez eux une sorte de mort continuelle, s'interdisant ainsi la possibilité de la transformer en un fécond appel de la réalité. Mais une graine germe précisément grâce à l'humus, avons-nous appris à l'école, c'est-à-dire grâce à cet amas de choses mortes qui rend la terre fertile. Si l'on n'accepte pas cette mortalité féconde, on paralyse la vivacité du ravissement. L'ardeur se mue en glace :

Il devient misanthrope de lui-même et son pire ennemi [...] ; il emploie toute sa vie morale à embrasser, supporter et maintenir constamment sa mort morale, toute son ardeur à se glacer, toute son inquiétude à soutenir la monotonie et l'uniformité de la vie, toute sa constance à choisir de souffrir, de vouloir souffrir, de continuer à souffrir, toute sa jeunesse à se vieillir l'âme [...]. Comme tout cela est un effet de son ardeur et de sa force naturelle, il va très au-delà du nécessaire : si, à cause de ses défauts moraux ou physiques [...], le monde lui refuse tant de jouissance, il s'en ôte à lui-même dix fois plus.

L'ardeur n'est pas détruite, parce que ce qui est le plus intime à la vie ne peut l'être, mais elle se trouve employée à la destruction. Les deux voies qui s'ouvrent à la maturité sont : créer et détruire. Détruire est l'acte créatif de qui a perdu espoir dans sa propre originalité, dans la beauté qu'il est venu porter au monde, dans la nouveauté qui est pour soi-même et pour les autres. On peut se vouer à la destruction avec le même élan et la même puissance qu'à la création.

Je me rappelle encore cette page qui m'était consacrée dans le journal intime d'une jeune fille morte d'anorexie. Dans cette page, commentant une phrase de *Blanche comme le lait, rouge comme le sang*[1], elle exprimait le souhait qu'un beau jour quelqu'un lui fasse porter la plus belle robe pour laquelle son corps était fait, et que, vivante, elle n'avait pas été capable de reconnaître et de porter. Quand j'ai lu ces lignes, que sa mère avait recopiées pour moi après sa mort, j'ai pleuré sur le mensonge de la vie qui, comme cette robe, ne s'adapte jamais à nos désirs de bonheur.

Aide-moi, Giacomo, à me pencher avec un peu moins de peur sur cet abîme vertigineux que le cœur même enfante et ne sait comment satisfaire, sombrant ainsi dans l'ennui. Ce vertige dont tu parles est devenu le mal de notre temps, la fragilité sans masque, le manque du sentiment de la vie, que nous appelons la dépression : une absence de sens, une mort qu'on paye en vivant. Tu as cherché refuge en changeant de ville et de maison, mais les voyages des années qui ont suivi ta tentative de fuite ne firent le plus souvent qu'empirer ta désolation au lieu de l'apaiser. Il ne suffisait pas de voyager. Ce sont des moments obscurs, où le chant s'interrompt, car pour écrire des poésies il faut croire dans la poésie de la vie, et pour recommencer à en écrire il faut d'abord

1. Titre du premier roman d'Alessandro D'Avenia (trad. Paris, Le Livre de poche, 2010).

intégrer ce silence et se l'approprier : il faut mûrir, c'est-à-dire mourir. Et se préparer à chanter encore une fois, du fond de régions encore plus profondes, ces régions au-delà de la nuit, avec de nouvelles formes, pour donner de la lumière et de l'ordre au chaos de la nuit, à la terreur de la nuit du cœur.

La mort est toujours à la mode

Alors que mes projets requerraient plusieurs vies,
je n'en aurai presque pas une seule.
Lettre à Pietro Giordani, 5 janvier 1821

Cher Giacomo,

Quand un de mes élèves se fait faire un piercing ou se laisse tatouer le corps, pour être à la mode, je lui dis ce que toi tu pensais de cette joyeuse acceptation d'avoir le corps troué ou piqué afin de se rendre « plus évident » ou de « se raconter » mieux.

Même si je te présente comme le plus grand poète moderne, en réalité tu es un classique. Mode et moderne ont la même racine, et tu n'étais pas à la mode. *Modernus* (de l'adverbe latin *modo*, « à l'instant », et *-ernus*, qui désigne l'appartenance) veut dire qui appartient à ce qui est récent, et tu avais compris que le grand malaise dans lequel s'était jetée la modernité, en coupant les ponts avec le passé, dépendait de cette sujétion au culte de la nouveauté et donc de la caducité.

Qui est neuf n'a pas d'histoire, et donc pas de destin ; comme une graine qui s'est ouverte dans un terrain trop peu profond pour prendre racine. Le jeune doit être ancien, parce que, pour être original, il doit être originaire. Mais la nouveauté fait tout pour s'emparer de lui, avec un visage bien plus séduisant que celui de la Dame noire, la Mort, qui est sa sœur cadette, celui d'une dame multicolore, légère et élégante : la Mode.

Tu avais compris cette parenté secrète et tu as été le premier à dire que la Mort et la Mode étaient sœurs. Tu l'as même révélé à la Mort, qui ne le savait pas :

LA MODE : *Je suis la Mode, ta sœur.*
LA MORT : *Ma sœur ?*
LA MODE : *Oui. Ne te rappelles-tu pas que nous sommes nées toutes deux de la Caducité ?*
(« Dialogue de la Mode et de la Mort », in Operette morali*)*

La Mort a du mal à y croire, mais la Mode lui démontre que son comportement vise tout entier à faire vivre les hommes en mourant, à confondre le « nouveau » avec le « moins vieux », qui a tout l'air d'être immortel, mais qui en réalité n'est que récent :

LA MODE : *Nous sommes sœurs, et entre nous nous pouvons en user librement, je parlerai donc comme tu veux. Je dis que notre nature et notre commun usage est de renouveler continuellement le monde ; mais toi, dès le commencement, tu t'es jetée sur les personnes et sur le sang ; moi, je me contente, la plupart du temps, des barbes, des cheveux, des habits, des meubles, des palais et autre choses de ce genre. Il est vrai que je ne me suis pas privée et que je ne prive pas de certains tours comparables aux tiens : par exemple, je perce tantôt les oreilles, tantôt les lèvres et le nez ; je les déchire avec les babioles que j'introduis dans les trous que j'ai percés ; je brûle la peau des hommes avec des fers rouges que je les pousse à s'imprimer sous prétexte de beauté ; je déforme la tête des enfants avec des bandeaux et autres inventions, en établissant comme coutume que tous les hommes du pays doivent avoir la même tête, comme je l'ai fait en Amérique et en Asie ;*

j'estropie les gens avec des chaussures étroites ; je leur coupe le souffle, leur fais presque jaillir les yeux hors des orbites sous l'étreinte des corsets, et cent autres choses de ce genre. Mieux, généralement parlant, je persuade et contrains tous les hommes bien élevés à supporter chaque jour mille fatigues et désagréments, souvent même des douleurs et des plaies, et quelques-uns même à mourir glorieusement pour l'amour qu'ils me portent.

Malgré les arguments mis en avant, la Mort reste sceptique et la Mode lui donne le coup de grâce en lui démontrant que, grâce à elle, a été éliminé ce stupide résidu de résistance à la Mort qui se trouvait chez les hommes : la recherche de l'immortalité, les livrant ainsi entièrement à la Dame noire de leur vivant même. Grâce à la Mode, à présent l'homme est totalement voué, sans le savoir, à la gueule de la Mort.

LA MODE : *De plus, j'ai introduit dans le monde de tels ordres et de tels usages que la vie même, en ce qui concerne le corps autant que l'âme, est plus morte que vivante, si bien qu'on peut dire en vérité que ce siècle est le siècle de la mort. [...] J'ai supprimé cet usage de chercher l'immortalité et même de la concéder dans le cas où quelqu'un la mériterait. De sorte qu'à présent quiconque meurt est sûr qu'il ne restera pas de lui une miette qui ne soit morte ; et qu'il lui convient de se réfugier aussitôt sous terre, comme un petit poisson qu'on engloutirait tout entier, avec la tête et les arêtes.*

La Mort accepte les arguments de la Mode et se rend compte que leur alliance est déjà une donnée de fait : toutes les choses qui font croire à l'homme qu'il est original sont déjà des rendez-vous avec la Mort. Quand je lis, cher Giacomo, tes paroles sur l'usage de se percer les oreilles et de se tatouer, certains de mes élèves me jettent un regard mauvais (aujourd'hui encore tu passerais pour être un misanthrope et un porte-malheur), parce que ce qu'ils ont fait ne leur semble dès lors pas être d'une grande nouveauté. Mais la question est justement là : étouffer la quête de l'immortalité qui niche dans le cœur des hommes, en faisant en sorte qu'ils se contentent de succédanés d'originalité et que disparaisse aussi leur désir de hauteur.

Tel est le risque de la faillite du ravissement, des espérances déçues des adolescents : régresser vers une limite purement mortelle, à n'être fait que pour la mort, en se contentant des petitesses de la mode pour soigner les blessures de sa mortalité.

Un jour, un adolescent m'a écrit ceci : « Je veux vous féliciter pour vos livres, qui font vraiment référence à l'adolescence sans en dissimuler les qualités et les défauts. Mais je veux aussi vous poser une question banale et stupide, de garçon de seize ans : ÊTES-VOUS HEUREUX ?

« Enfin je voudrais vous parler d'un problème qui n'apparaît pas comme tel aux yeux des autres, mais qui l'est pour moi. Je viens d'une famille qui ne subit pas du tout les effets de la crise, et j'ai deux parents (séparés) qui ont des métiers qui les occupent presque à temps plein. Mais le problème n'est pas là. J'ai plein d'objets, comme le dernier modèle d'iPhone, un scooter, des fringues de marques à volonté : tout ce que je veux, je me l'achète. Je sais que vous êtes en train de penser que je suis un grand ingrat, mais tout cela ne me suffit pas. Il arrive souvent que mes copains de classe, à la sortie du lycée, aillent retrouver leur père à son bureau pour manger un sandwich avec lui et que les filles passent le dimanche dans des centres commerciaux à faire du shopping avec leur mère ; alors je me demande à quoi sert de tant travailler si à la fin il ne vous reste rien de concret.

Je préférerais moi aussi prendre le métro ou avoir un portable usagé mais pouvoir aller de temps en temps prendre une glace avec mon père et parler de politique, de foot, de lycée et de travail. Ou encore j'aimerais que ma mère m'accompagne quelquefois au match de foot, comme font toutes les mères. Mais ils sont tellement pris par leurs affaires et par l'argent qu'ils ne se rendent même pas compte que je vis cette situation comme un malaise.

Je sais ce que vous êtes en train de penser, ce que pensent tous mes copains et mes amis, que je me plains alors que je suis privilégié, mais sachez qu'il n'y a rien de pire que d'affronter l'adolescence sans la présence de ses parents.

PS. Je sais que vous devez recevoir des milliards de mails, mais je serais heureux que vous répondiez à la question que je vous ai posée plus haut. »

Je lui répondis que j'étais heureux, parce qu'au cours des années, malgré des chutes et des échecs, j'étais resté fidèle à ma vocation et je sentais ma vie comme pleine, riche, dotée de sens, malgré mes limites et mes fragilités. Puis je lui suggérai de dire à ses parents ce qu'il m'avait dit à moi, par écrit s'il le fallait. Le résultat fut le suivant : « Merci de m'avoir répondu ! J'ai essayé de parler avec eux et de leur expliquer quelles étaient les valeurs importantes de la vie, mais ils ont jugé que j'étais un enfant gâté. Vous savez, cela me semble absurde à moi-même, mais il m'est arrivé de créer des problèmes juste pour me faire infliger une punition (ce qui ne m'est jamais arrivé !) et occuper un peu leurs pensées. Je suis déçu parce que tout ce que j'aurais voulu qu'ils m'enseignent est ce que je voudrais enseigner un jour ; je ne leur reconnais plus le rôle de parents ! Je suis orphelin, même si physiquement j'ai des parents ! La seule chose que j'ai apprise, c'est qu'un regard ou un baiser sont capables d'anéantir tous les objets qui existent au monde, et ce sera la première chose que j'apprendrai à mes enfants ! Merci encore ! »

Ce garçon se sentait privé de sa grandeur, tout en étant couvert d'objets dernier cri dont il aurait pu tranquillement s'accommoder sans devoir s'occuper de cette douleur au centre de la poitrine qui fait de chacun de nous une immortalité blessée. Il aurait pu se contenter d'un infini de poche, repérable et reproductible, comme, le plus souvent, nous tendons tous à le faire, plutôt que de chercher l'infini lui-même. Nous nous contentons de la continuelle répétition d'expérience et d'émotions, qui à la longue deviennent ennuyeuses ou poussent à la recherche de sensations toujours plus fortes, jusqu'à la sensation la plus forte de toutes : l'autodestruction. C'est pourtant de son énième échec que ce garçon a tiré la leçon qu'il enseignera à ses enfants : sa blessure s'est transformée en futur, en vie.

Toi, Giacomo, tu l'avais prévu (le vrai poète est toujours prophète : il ouvre les yeux à ses contemporains, c'est-à-dire à tous ceux qui le lisent) : une fois qu'est éteint le cœur vivant et ouvert des jeunes, toute la société est détruite et apparaissent des individus isolés les uns des autres et soupçonneux les uns envers les autres. Voilà le mariage que tu voulais briser depuis sa naissance : l'union plus que fraternelle entre la Mode et la Mort.

Giacomo, aujourd'hui, je crois que la mort à la mode peut se cacher dans la technologie, qui nous conduit à refouler la patience des saisons : tout doit être, toujours et tout de suite vivant, présent, immédiatement disponible en pressant un bouton. Il n'y a plus de temps pour le temps : la chrysalide, l'embryon, la graine, sont autant de réalités qui mettent trop de temps et trop de peine à porter leur fruit. Nous voulons tout et tout de suite, et à l'infini. Nous recouvrons notre fragilité d'une cuirasse technologique qui nous permet de ne pas nous sentir fragile.

Plutôt que d'apprendre l'art d'être fragile, mieux vaut être à la mode, c'est-à-dire être à la mort.

L'infidélité à soi-même – ou le malheur

> L'art d'être malheureux. Celui d'être heureux est un sujet ranci, enseigné par mille, connu de tout le monde, pratiqué par peu de gens, et sans aucun effet sur personne.
>
> Titre d'une œuvre projetée, dans les *Disegni letterari*

Cher Giacomo,

Le manque de connaissance de soi conduit à l'infidélité à soi-même. Cette infidélité peut emprunter deux voies, l'une moins visible que l'autre, mais toutes deux désespérées.

La première, dont je t'ai déjà parlé dans d'autres lettres, c'est fuir loin de soi-même, choisir des solutions illusoires mais protectrices, voyager sans arrêt, chercher ailleurs ce qu'on n'a pas le courage de trouver à l'intérieur de soi. Par manque de destination, on se soumet à des scénarios inadaptés, aux masques, à la mode, à la célébrité. On endosse des habits qui ne nous appartiennent pas et, quand on veut en changer, il est trop tard pour imprimer à la vie un nouveau départ, ce qui, de ton temps, arrivait fréquemment :

Relèvent de ce sujet [...] une grande partie des entrées en religion, etc. de jeunes gens, ou le choix de vivre à la maison ou à la campagne, ou de se retirer de la société, etc., choix opérés au début de la jeunesse, surtout par des personnes vives et

sensibles, etc., et devenus ensuite nécessaires par l'habitude, le respect humain, l'incapacité qui s'ensuit de converser, par la peur panique de l'opinion, du ridicule, etc., qui accompagne habituellement l'extraordinaire, la nouveauté, le commencement [de quelque chose de nouveau], le changement de but et de vie, à un âge non convenable, non habituel au commencement ou à un nouveau projet, une nouvelle vie, etc.
(Zibaldone, *5 novembre 1823)*

La seconde voie pousse l'ardeur du jeune à détruire, au lieu de construire, comme l'enfant qui, pour comprendre le mouvement mystérieux de son jouet, le casse et le rend inutilisable.

Les jeunes gens, surtout, sont bien plus odieux et nocifs que les gens âgés, parce qu'en eux, à la disposition entière et à la volonté déterminée de mal agir, s'ajoutent le pouvoir et la faculté ; l'ardeur juvénile, la force, l'élan et la fleur des passions, qui autrefois conduisaient les hommes au bien, les conduisant aujourd'hui, directement, pleinement et décidément, vers le mal, rend les individus d'autant plus méchants, plus pernicieux et haïssables, que cette ardeur est plus grande.
(Zibaldone, *25 septembre 1823)*

Lors d'une visite à la prison de San Vittore, j'ai fait la connaissance d'un jeune qui a voulu me raconter sans fard comment il avait fini là. Il avait été, encore enfant, abandonné par son père, et, à quinze ans, à la suite du décès de sa mère, plein de colère contre la vie, il avait commencé à commettre des vols, jusqu'à cambrioler des banques. Sa force et son ardeur étaient implacables et efficaces ; il se sentait enfin capable d'avoir le contrôle de sa vie et il était admiré de tous les copains de son âge, mais, en même temps, il détruisait la vie des autres.

Enfin, quand on l'arrêta, tous ses « admirateurs » et ses « amis » l'abandonnèrent et il se retrouva seul avec sa vacuité.

Face à ces deux voies possibles où s'exprime l'infidélité à soi-même, s'oppose une seule autre voie, la seule qu'on puisse emprunter au carrefour de l'existence : la fidélité au cœur, qui se rebelle contre les autres voies parce qu'il sent l'ennui profond d'un destin inadéquat et déficient.

Je me rappelle à ce propos un garçon de quatorze ans qui s'était inscrit dans un institut de technologie, parce que c'est ce qu'avait fait son entourage et que c'était le seul futur possible qu'il entrevoyait. Mais, à la fin d'une rencontre au lycée, il vint me voir et me demanda si je pourrais devenir son mentor (j'avais évoqué la page de l'*Odyssée* dans laquelle Mentor assiste Télémaque dans son voyage à la recherche de son père). Il avait toujours voulu faire des études classiques et devenir acteur, mais il n'avait pas eu le courage de le dire à ses amis et à sa famille : il avait donc choisi une voie rassurante. Toutefois, il sentait qu'il était en train de laisser échapper quelque chose d'important, et ressentait une résistance intérieure qui ne le laissait pas en paix. C'est ainsi qu'il reprit courage et, l'été suivant, il commença à étudier les matières susceptibles de le mettre en difficulté : il apprit seul le latin et le grec. Il m'écrivit qu'il avait été pris en seconde année, et qu'il se sentait heureux et fort d'avoir montré à soi-même et au monde de quoi il était capable. Rien n'arrête l'ardeur de la jeunesse quand elle est « hors de soi » par suite d'un ravissement authentique, et quand un guide met à l'épreuve, sans concessions, cette vocation et encourage à ne pas avoir peur de prendre des risques.

Parle-moi, Giacomo, de la façon dont il faut écouter l'inquiétude du cœur et ne pas le comprimer dans sa poitrine sous l'effet de la peur devant l'appel de la vie. Dis-moi : comment fait-on pour ne pas se cuirasser le cœur par peur que la vie nous abuse ou après que la vie nous a déçus ? Qu'est-il préférable : une tranquille survie, ou une vie inquiète ? Est-il préférable de mourir pour vivre ou de vivre pour mourir ?

Seul l'amour nous pardonne d'être ce que nous sommes et peut-être n'est-ce pas une bonne nouvelle

> La connaissance et la possession de soi-même dérivent ou de besoins et d'infortunes, ou de quelque grande passion, et le plus souvent de l'amour.
>
> *Pensieri*, LXXXII

Cher Giacomo,

Il y a quelques jours, je me rendais en train à une rencontre avec des adolescents autour de mon dernier roman. Je pensais à ce que j'allais dire. Dans l'une des gares du trajet, le train s'est arrêté plus longtemps, et cette pause m'a permis de me sortir de mes pensées et de mes notes. J'ai levé les yeux : j'étais face à un mur d'enceinte sur lequel, en lettres majuscules, une main avait écrit en bleu (la nuit probablement) : « Et puis j'ai vu ses yeux. »

À ce moment-là, j'ai compris de quoi j'allais parler. De ces guillemets qui ouvrent un dialogue dans une page blanche de la vie ; de la nécessité de parler avec la personne à qui appartenaient ces yeux. Et de la conjonction « et » qui indiquait que le flux de la vie précédant l'instant coulait anonyme et plat, et que tout d'un coup étaient apparus des yeux qui le regardaient lui (ou elle). Finalement la vie acquérait un sens et ce « puis » était nécessaire, car avant lui tout était informe ou uniforme, c'est-à-dire n'avait pas de forme ou n'en avait qu'une, toujours semblable. Ces yeux qui parmi des millions se posent sur nous et seulement sur nous, comme pour dire : « Je choisis de te regarder toi, parmi tous », nous tirent hors de l'anonymat, de la terre des abusés et des invisibles, en ajoutant la dimension de la profondeur à notre vie, parce qu'ils nous atteignent là où nous prenons notre origine. Ce regard nous pardonne d'être comme nous sommes, il nous permet de baisser notre garde pour nous laisser aimer, nous révèle que nous sommes bien comme nous sommes, avec nos insuffisances et notre fragilité. Et la première chose que nous raconterons à ces yeux, en tête à tête, ce n'est certes pas nos succès et combien nous sommes beaux et forts, mais au contraire combien nous sommes petits et fragiles, car nous avons finalement trouvé quelqu'un capable de regarder notre nudité sans nous faire sentir que nous sommes nus, mais bien au contraire vêtus de nous-mêmes. Ce regard nous aide à endosser la vie, notre vie, comme le plus beau des habits, à nous dépasser et à atteindre notre hauteur et notre beauté, comme le regard du jardinier permet à la graine du rosier de devenir une fleur. Qui le trouve découvre ce qu'est la miséricorde, le pardon, la maturation. L'enfant se reconnaît dans les yeux de sa mère et de son père, la bien-aimée dans les yeux de son bien-aimé et *vice versa*. Sans ces yeux, l'on ne peut croître depuis ses racines, on ne peut advenir depuis ce sous-sol froid et sale. Et l'on ne peut devenir tige, feuilles, fleur et fruit. C'est pourquoi l'amour est la véritable expérience du salut. « Je n'ai pas besoin d'estime, ni de gloire, ni de rien de ce genre. Mais j'ai besoin d'amour » (*Lettre à Antonietta Tommasini,* 5 juillet 1828).

J'ai toujours rêvé et voulu de pareils yeux pour moi, Giacomo, et, grâce à Dieu, je les ai trouvés. Et quand on les trouve et qu'on ne peut plus vous les enlever, alors le bonheur possible dans les limites de cette vie devient réel. Qui aime et est aimé enflamme tout son être : « Il est amoureux ! Elle est amoureuse ! », m'arrive-t-il de penser quand je note une légèreté nouvelle et imprévue dans les gestes d'un ou d'une de mes élèves. Seuls ces yeux rendent habitables le destin et le transforment en destination, confèrent un sens de force à la vie, qui n'est peut-être pas tout le bonheur que voudrait le cœur humain, mais qui est un aliment suffisant pour supporter ce qui toujours fait défaut :

Enfin [aux yeux de celui qui a éprouvé l'amour], la vie prend un aspect nouveau : de chose ouïe, elle est devenue chose visible et, de chose imaginaire, chose réelle ; et, en elle, cet homme se sent, non point peut-être plus heureux, mais, pour ainsi dire, plus puissant qu'avant.
(Pensées, *LXXXII)*

Toi aussi tu cherchas ces yeux durant ta vie. Deux fois déjà, tu les avais trouvés, mais deux fois ils n'avaient pas répondu à ton amour. Et maintenant plus que jamais, maintenant que la vie semblait t'avoir dépouillé de toute illusion, se ranima en toi le dernier et le plus vif des désirs. Au moment même où ton cœur était en train de s'éteindre et de se dessécher, ces nouveaux yeux qui se posèrent sur toi te donnèrent l'espoir de trouver une maison où loger ta fragilité. C'était en 1830, l'année même où tu nouas une amitié fraternelle avec Antonio Ranieri, dont tu avais fait la connaissance trois ans plus tôt.

Ce sont les yeux de Fanny Targioni Tozzetti, noble dame florentine sensible et brillante, attirée par ce que tu écrivais et, plus encore que toi, par le désir de faire connaissance de gens célèbres. Un regard vif et un doux sourire firent le reste. En elle, tu avais trouvé quelqu'un capable de triompher de la mélancolie. Mais cet amour ne fut rien d'autre qu'un désir que tu éprouvais ; pour elle, ce n'était qu'une agréable conversation, une amitié entre esprits brillants, avec probablement une pointe, voire plus, de coquetterie. Il ne te fut pas facile, Giacomo, d'accepter cette nouvelle espérance détruite et le mélancolique réveil après le mirage du bonheur :

Mais j'ai tort de vous écrire de pareilles choses, à vous qui êtes belle et faite, par privilège de la nature, pour resplendir dans la vie et triompher du destin des hommes. Je sais que vous êtes aussi encline à la mélancolie, comme le sont et le seront éternellement toutes les âmes nobles et les grands esprits. Mais, en toute sincérité, et nonobstant ma philosophie noire et désespérée, je crois que la mélancolie ne vous convient pas, c'est-à-dire que, toute naturelle qu'elle soit, elle n'est pas du tout rationnelle. C'est du moins ce que je souhaiterais qu'elle fût [...]. Adieu, chère Fanny.
(Lettre à Fanny Targetti Tozzetti, *5 décembre 1831)*

Près de cinq ans plus tôt, dans l'*Histoire d'une âme*, tu avais écrit avec ton habituelle précision en fait de sentiments, l'amitié que tu avais vécue comme l'aube d'un amour. Dans la comtesse Teresa Carniani Malvezzi, tu avais trouvé pour la première fois une femme avec qui tu pouvais parler du fond de ton ravissement et être compris d'elle :

Dès les premiers jours où je la connus, je vécus dans une sorte de délire et de fièvre. Nous n'avons jamais parlé d'amour, sinon par plaisanterie, mais nous vivons ensemble dans une amitié tendre et sensible, avec un intérêt réciproque et un abandon qui est comme un amour sans inquiétude. Elle nourrit pour moi une très haute estime ; si je lui lis quelque chose de moi, elle pleure souvent de tout cœur, sans affectation. Les éloges des autres m'indiffèrent totalement ; les siens

deviennent pour moi du sang et me restent dans l'âme. Elle aime et comprend fort bien les lettres et la philosophie ; il ne nous manque jamais de matière à converser, et je suis presque chaque soir chez elle de l'Ave Maria à minuit passé – et cela me paraît un instant. Nous nous confions tous nos secrets, nous nous reprenons, nous nous signalons nos défauts. Enfin cette amitié forme et formera une époque bien marquée de ma vie, parce qu'elle m'a désenchanté de mon désenchantement, m'a convaincu qu'il existe vraiment un monde de plaisirs que je croyais impossibles, et que je suis encore capable d'illusions durables, malgré la connaissance et l'accoutumance si bien enracinées en moi : elle a ressuscité mon cœur après un sommeil, une mort plutôt, qui a duré tant d'années.
(Lettre à Carlo Leopardi, *30 mai 1826)*

Cette forme d'amour qui réveille tout l'être, et lui permet de se regarder et de se saisir comme un destin nécessaire, se représenta à ton âme morte quelques années plus tard, en la personne de Fanny, comme un nouvel appel, un nouveau ravissement, et, pour cela même, comme la plus terrible des désillusions. Rien dans la vie ne nous fait davantage mourir, Giacomo, qu'un amour non réciproque, parce qu'il nous confirme que ces yeux, que nous avons cherchés pour habiter notre fragilité, n'existent pas. Notre nudité ne mérite aucune miséricorde, nous voilà de nouveau refoulés dans l'anonymat de la terre des invisibles, des ratés, des hommes seuls. Avec la chute définitive de l'espérance amoureuse tombe en même temps chez toi toute autre ambition humaine, toute autre illusion ou espérance qui puisse adoucir le cœur et l'exil. L'existence sans amour n'est qu'une sottise, une tragédie narquoise :

Je ne crois pas que vous attendiez des nouvelles de moi. Sachez que j'abomine la politique, car je crois, ou plutôt je vois, que,

sous toute forme de gouvernement, les individus sont malheureux : faute de la nature qui a créé les hommes pour leur malheur ; et je ris du bonheur des masses, car ma pauvre intelligence ne conçoit pas une masse *heureuse composée d'individus malheureux. Je ne pourrais pas davantage vous donner de nouvelles littéraires, car je vous avoue que je crains de perdre bientôt l'usage de l'alphabet, faute de lire et d'écrire. Mes amis s'en scandalisent ; et ils ont raison de chercher la gloire et de faire du bien aux hommes ; mais moi qui n'ai pas la présomption de faire du bien, et qui n'aspire pas à la gloire, je n'ai pas tort de passer mes journées étendu sur un sofa, sans battre des paupières. Et je trouve très raisonnable l'usage des Turcs et d'autre Orientaux qui se contentent de regarder stupidement en face cette existence ridicule.*
*(*Lettre à Fanny Targioni Tozzetti*, 5 décembre 1831)*

Désirs de gloire et amour, les plus puissantes aspirations auxquelles tu avais voué ton cœur, s'effondrèrent misérablement. Tu n'eus ni gloire ni amour, mais seulement un corps distordu, d'où cependant tu continuais à élever l'extrême chant de la douleur de ta nuit la plus profonde. Car, en même temps, ton ophtalmie empirait, et la douleur des nerfs oculaires se faisait plus longue et plus douloureuse, au point que tu en vins à vivre comme un papillon de nuit. Tu transformais en vol l'obscure nuit du désespoir dans laquelle tu avais chu. C'est ainsi que naît le plus moderne et le plus désespéré de tes chants.

Cher Giacomo, comme j'aimerais que tu n'aies pas eu à connaître la tragédie d'aimer sans être aimé en retour ; mais c'est grâce à cette expérience que tu permis à beaucoup d'habiter eux aussi cette nuit obscure des sens.

À soi-même : Le cœur est notre plus grand ennemi

> Pourquoi, dieu du mal, as-tu mis dans la vie quelque apparence de plaisir ? L'amour ?... Pour nous tarauder par le désir, par la comparaison de notre sort avec les autres, avec notre propre passé, etc. ? [...] Accorde-moi de ne pas passer mon septième lustre. [...] Je ne te demande rien de ce que le monde appelle biens : je te demande ce qui passe pour le pire des maux : la mort. [...] Je n'en puis plus, je n'en puis plus de la vie.
>
> Esquisse d'hymne *À Ahriman*

Cher Giacomo,

Le cœur s'était laissé tromper par la plus séduisante des illusions, par la plus raffinée des tortures : l'amour. Il ne te restait plus qu'à devenir son ennemi. Le cœur est à l'origine des illusions, des désirs, des projets, de l'infini au-delà de la haie, mais la vie se charge de les briser l'un après l'autre. Tu as trouvé la cause de tout mal et avec elle un possible vaccin. Le triste secret qu'il faut communiquer à tout le monde, c'est que le bonheur n'est que le fuit d'un cœur inadapté, comme une relique oubliée de l'infini en nous, un infini qui n'est présent nulle part ailleurs, et donc désirable mais inatteignable. C'est pourquoi le cœur n'est qu'une métaphore que les hommes ont inventée pour dire leur soif de l'impossible.

Mais pour toi le cœur n'est pas seulement ce que nous entendons par ce mot aujourd'hui : le sentiment opposé à la raison, l'émotion opposée à la froideur, l'instinct opposé au calcul. Pour toi, le cœur est source de connaissance, il est seul à pouvoir « comprendre » certaines choses qui, sans cela, resteraient inaccessibles à l'homme. Il intercepte une valeur avant tout raisonnement, il en comprend intuitivement la profondeur et entre en résonance avec lui. Toi, ce phénomène, tu l'identifies par les « élans du cœur », une tension vers ce qui nous fait sentir que nous sommes chez nous, une sorte de force de gravité spirituelle qui exerce sur nous une attraction silencieuse mais efficace.

Le cœur nous fait expérimenter la familiarité avec une chose ou une personne comme si elles avaient toujours habité sous notre toit. L'enfant ne comprend pas la valeur d'un billet de banque, il ne le comprendra que lorsque nous lui aurons expliqué ce que représente ce morceau de papier. Et pourtant ce même enfant saisit, sans besoin d'explications et de raisonnements, la valeur de quelque chose qui l'émerveille : un cadeau, un château de sable, une étoile. Le cœur reconnaît la vie, il désire aimer et, plus encore, être aimé ; il n'est pas fortuit que ce soit un organe creux, qui doit tout recevoir et tout donner. Cela ne signifie pas qu'il soit irrationnel, mais qu'il n'a pas besoin de passer par tous les degrés de la logique : il reconnaît la beauté d'un panorama, d'un visage, d'un tableau, sans démonstrations, et cette beauté le réveille et invite tout son être à s'engager pour l'accueillir, le défendre, et faire exister davantage encore cette valeur, comme cela se produit pour un enseignant qui se donne du mal pour ses élèves, pour un écrivain pour ses personnages. En ce sens, l'amour ne se réduit pas à un mouvement réactionnel : il est action, répond à un appel et prend l'initiative, librement, et lutte pour rendre cette valeur encore plus réelle. Au cœur, Giacomo, tu reconnais cette capacité active, non pas une émotion facile et passagère, mais une question de vie ou de mort. C'est pourquoi c'est justement le cœur, dans lequel tu avais mis toutes tes espérances juvéniles, qui se révèle comme l'ennemi à abattre. De là naît le bouquet de tes poésies les plus dramatiques, qu'on appelle le « cycle d'Aspasie », la femme (et toute la réalité) qui ne répondit pas à ton attente, un véritable poème du cœur détruit. Et sur la scène de l'humanité brisée restent ces vers :

À soi-même (1833-1835)

Tu vas te reposer à jamais,
Ô mon cœur las. Morte est l'ultime illusion
Que je crus éternelle. Morte. Et je sens bien
Qu'en nous des chers mirages
Non seul l'espoir, mais le désir est éteint.
Or repose à jamais. Tu as assez
Palpité. Rien ne vaut
Que tu battes, et de soupirs est indigne
La terre. Amère, ennuyeuse
Est la vie, jamais rien d'autre. Le monde est boue.
Apaise-toi enfin. Désespère
Une dernière fois. À notre espèce, le destin
N'a donné que de mourir. Méprise donc
Toi-même, et la nature, la puissance
Affreuse, qui, dans l'ombre, commande au mal commun
Et l'infinie vanité du tout.

Tu as intitulé ce chant *À soi-même*, et ce n'est autre qu'un dialogue entre toi-même et toi : le dédoublement se fait théâtre où la raison et le cœur se disputent la scène, la première prétendant du second qu'il cesse de battre.

Un cœur ressuscité pour mourir encore n'est qu'un jeu cruel, qui refoule l'infini blessé que nous sommes dans l'absolue solitude, dans l'absolue clôture. Au moment même où il s'est rouvert, il reçoit le coup de grâce. Qu'est-ce que l'amour, Giacomo, sinon de confier à quelqu'un le point le plus découvert où nous frapper, dans le cas où cette personne cesserait de nous aimer ? Et si la plus grande des espérances se transforme dans la plus douloureuse des morts, pourquoi donc vivre ? « Si l'amour rend l'homme malheureux, que feront sur lui les choses qui ne sont ni belles ni dignes de l'homme ? » (*Lettre à Fanny Targioni Tozzetti*, 16 août 1832).

Mieux vaut tuer le cœur que de le soumettre à d'autres tortures. C'est ce que tu lui intimes de faire – mourir – dans ce chant où la parole devient « épique », car elle pousse à l'action. Tu fais ce qui seul peut se faire dans l'imagination des poètes qui ne renoncent pas à la vérité, impossible de le dire autrement : imposer au cœur un infarctus, lui ordonner de cesser de battre, de recevoir et de donner. Tu y réussis dans cet extrême acte poétique, en seize vers.

L'Infini en comptait quinze. *À soi-même*, seize. Ce ne peut être fortuit, car le seizième vers qui excède le quinzième, déjà excédant, de *L'Infini*, rend vain, après une âpre vérification, le bienheureux naufrage rêvé, car il n'y a d'infini que l'infinie vanité de toute chose. Le vers 16 nie et clôt, comme une dalle funéraire, la possibilité de passer au-delà de la haie. Rien n'est doux : au vers 9, le sentiment de la vie est dit « amer », et il est accolé à ce tragique ennui qui est la condamnation d'un cœur jamais assouvi et qui ne saurait jamais l'être. À présent il ne lui reste plus qu'à reposer : reposer en paix, mourir. C'est le dernier chapitre de ce roman du cœur. Mûrir, c'est mourir. Le « *fingo* » (« j'invente ») de la pensée, qui, par l'imagination, rejoignait l'infini jusqu'à en effrayer le cœur, se transforme ici en « *fango* » (« boue », « fange ») au vers 10 : c'est de la fange que vient l'homme et il retourne à la fange : la respiration qui l'anime n'est qu'une condamnation.

Le poème ne présente plus les hendécasyllabes sinueux et musicaux de *L'Infini*, qui empiètent l'un sur l'autre dans un élan perpétuel, témoignant de la liberté prise par rapport aux limites imposées par la métrique du vers. Ici, nous avons des hendécasyllabes brisés par des septénaires et des enjambements employés comme des obstacles, qui soulignent le contraire de l'infini : la limite infranchissable, au-delà de laquelle il n'est rien. « Tu as assez / Palpité. [...] / Amère, ennuyeuse / Est la vie. / [...] Méprise-toi... » Et puis il y a les ordres péremptoires que la raison dicte au cœur, en le soumettant à l'évidence de l'échec de l'existence entière : « repose », « apaise-toi », « désespère », « méprise ». Il ne reste plus qu'à supprimer l'instinct de l'homme à se surpasser, celui que, dans les derniers vers de son grand poème, Dante appelle le *disio*, le désir, la *dilectio naturalis*, la tension naturelle de l'homme vers l'infini. À la fin de son pèlerinage céleste, Dante découvre que cet infini est Dieu et coïncide avec le *velle* (le « vouloir »), la *dilectio electiva*, ce que l'homme choisit comme objet de cet infini. Notre radical désir d'amour et ce que nous voulons pour le réaliser coïncident enfin. Dante trouve la réponse à sa soif d'infini : il existe quelqu'un capable de désaltérer l'insatiabilité du désir humain, sa vie fragile et finie est éternellement voulue et aimée comme elle est, et Dante retourne sur la terre pour le raconter aux hommes.

Toi, Giacomo, tu demandes en revanche au désir de cesser, parce que ton vouloir n'a trouvé aucun objet capable de satisfaire ce radical désir d'amour fiché dans le cœur. Pour éliminer cette soif inextinguible, il ne reste plus qu'à supprimer la soif elle-même. L'instinct de l'infini doit être éliminé à la racine : si seulement on pouvait être « sans cœur », comme on le dit des personnes les plus amères et les plus endurcies... Et c'est là, Giacomo, que ton art te surpasse toi-même. Toi, cette intuition tragique, tu es en train de la chanter. La beauté y coule comme le sang qui dégoutte de la blessure, justement à partir de cette douleur.

Tu ne renonces pas à chanter. Tu ne t'enfermes pas dans le silence et tu ne te fais pas le chantre du néant, parce que le néant n'est pas la réalité : la parole peut encore vivre. Cela signifie que, au-delà du seizième vers, naufrage du naufrage infini, tu poses la beauté elle-même. Unique réalité non vaine, dans l'infinie vanité du tout cosmique, il reste la poésie : le *cosmos* des mots, l'ordre dans le chaos, la pureté dans l'immonde. Voilà ton vrai destin : émerger comme un phénix des cendres de ta raison. Ta maturité est atteinte là, précisément dans l'apparente défaite. La parole s'élève, sauve et brillante dans la nuit obscure, comme un feu qui aurait survécu au déluge. Tu n'arrêtes pas de créer, même quand créer c'est invectiver le néant, parce que la beauté peut habiter cette terre désolée : le dernier mot, ce ne sont pas le néant, la douleur, l'égarement qui l'ont, mais la création, la beauté, certes dramatique, mais peut-être, pour cela même, plus vraie.

La beauté vainc le néant, la poésie vainc la mort, parce qu'elle transforme la mort même, limite extrême, en art de mourir.

Transformer en chant le désenchantement

> Après deux ans [de silence], j'ai écrit quelques vers en avril dernier, mais des vers vraiment à l'ancienne, et avec mon cœur d'autrefois.
>
> *Lettre à Paolina Leopardi,* 2 mai 1828

Cher Giacomo

Tu possédais un habit bleu, élégant mais désormais usé, que, pour paraître plus aimable, quand tu t'étais épris de Fanny, tu avais fait retourner et dont tu avais fait changer la doublure. Tu connaissais bien l'art de réparer les choses, de leur rendre un aspect neuf, même quand elles étaient fort abîmées. Tu les réparais avec amour, mais l'amour te trahit. Pourtant tu ne renonças pas à réparer ce qui s'était définitivement usé : l'espérance balayée par l'expérience, la vie brisée par la mort.

Après la blessure mortelle que tu as reçue au cœur, tu portes encore un peu plus loin ton œuvre de réparation. Tu ne t'arrêtes pas à la douleur cosmique, comme veulent le croire ceux qui se limitent au contenu en oubliant qu'en poésie la forme est le contenu, que la parole est le corps de la beauté, même quand elle est défigurée. Ton génie ne se donne pas pour vaincu, il comprend intuitivement que ce qui s'est écroulé n'était peut-être qu'un monde fictif, créé par l'imagination, et qu'il faut poursuivre le chemin. Il y a encore quelque chose à découvrir, une lumière au milieu des ténèbres, ne serait-ce que la lumière de la poésie. Tes chants sont le cri de rachat de l'infini blessé, brisé, morcelé. Tes chants sont là, et il y a de l'espérance précisément parce qu'il y a de la création, parce que « créer » est synonyme d'« aimer ». C'est pourquoi je puis espérer, Giacomo, car tu n'as pas transformé le néant en néant mais en beauté. C'est pourquoi, grâce à toi, je puis habiter le néant et que j'ai compris ce qu'était le secret d'une vie mature : réparer les blessures des hommes et du monde, se faire baume pour ces blessures, même quand elles semblent ne pas pouvoir guérir : « Le poète ne chante plus pour divertir, pour fuir l'ennui, pour montrer qu'il est doué. Il chante parce qu'il souffre pour tous, pour qui ne sait encore rien de son destin, pour les astres qui devront eux aussi mourir, il chante pour déchiffrer le secret du mal universel qui frappe toute chose créée, il chante par désir du bien, même si le bien ne lui semble être qu'une illusion » (Giuseppe Ungaretti, *Idee del Leopardi sulla crisi del linguaggio e sulla lingua*).

Dans un des chapitres de la Bible que je préfère plus que tout, j'ai trouvé le même réalisme mélancolique, faits d'objets et de personnages quotidiens, qui ne se transforme jamais en désespoir. Le douzième chapitre de l'Ecclésiaste (ou Qohélet) est le sommet de l'amère constatation qui parcourt le livre tout entier : tout est vanité, et pourtant le sentiment de la limite n'est pas défaite mais ouverture :

Souviens-toi de ton Créateur
pendant les jours de ta jeunesse,
avant que ne vienne le temps de l'affliction,
et que s'approchent les années dont tu diras :
« Je ne les aime pas » ;
Avant que ne s'enténèbrent le soleil et la lumière,
la lune et les étoiles,

et que les nuages ne reviennent après la pluie ;
Lorsque les gardiens de la maison commencent à trembler,
que les hommes forts chancellent,
que celles qui moulent,
trop peu nombreuses, s'arrêtent,
et que ceux qui regardent par les ouvertures sont dans les ténèbres ;
Quand on ferme les portes sur la rue,
quand la voix du moulin s'affaiblit,
qu'on se lève au chant de l'oiseau,
et que se taisent toutes les chansons.
Quand on redoute aussi les lieux élevés,
et qu'on a des terreurs en chemin.
Et l'amandier fleurit,
la sauterelle engraisse,
le câprier s'épanouit,
tandis que l'homme s'en va dans sa maison d'éternité,
et qu'on parcourt les rues en pleurant.
Avant que ne lâche la chaîne d'argent,
que la coupe d'or ne se brise,
que la cruche ne se rompe à la fontaine,
et que la poulie ne se casse sur le puits,
et que la poussière ne retourne à la terre d'où elle est venue,
et que le souffle retourne à Dieu qui l'a donné.
Vanité des vanités, dit L'Ecclésiaste,
et tout est vanité.

Tout est destiné à finir, telle est l'essentielle fragilité du monde. On cueille quelques joies dans la jeunesse, et puis, inexorablement, tout retourne à la poussière. Pour L'Ecclésiaste, Dieu seul est garant de l'infini : Il a tiré les choses du néant, en leur donnant l'infinie nostalgie de Lui et non du néant : en se souvenant du Créateur, la fête de la jeunesse ne s'achève pas. À toi, Giacomo, il manque la confiance des quatre premiers vers de ce chapitre : le Père bienveillant est caché derrière l'encombrante présence d'une nature qui, tel un mécanisme tragique, emporte tout dans son cycle de vie et de mort. Plus qu'un père, on dirait un horloger qui, ayant donné le mouvement au monde, s'est retiré dans le silence. Et cependant, sans même cette confiance, et peut-être justement pour cela avec plus d'audace, comme l'auteur biblique tu transformes la ténèbre en espérance, transcendante pour lui, immanente pour toi. La Beauté est la beauté.

Le destin, la limite qui nous est imposée, doit-il être seulement subi en mourant ? Peut-on l'habiter, et même l'aimer ?

La réponse est contenue dans une autre phase de la vie.

RÉPARATION
ou l'art d'être fragile

Non seulement ma philosophie ne conduit pas à la misanthropie, comme on peut le croire si on la regarde superficiellement, et comme beaucoup m'en accusent, mais, par nature, elle exclut la misanthropie, et, par nature, elle tend à soigner.

Zibaldone, 2 janvier 1829

Cher Giacomo,

Un beau jour ensoleillé, à l'ombre d'un arbre immense qui nous couvrait de son ombre bienfaisante, une élève me demanda pour quoi je vivais. Je lui répondis en lui tendant une fleur des champs, une petite marguerite : « Pour défendre la beauté des choses fragiles. »

Nous vivons dans une époque qui ne permet de vivre que si l'on est parfait. Toute insuffisance, toute faiblesse, toute fragilité semblent bannies. De la terre des ratés ne se sauvent, temporairement, que ceux qui se mentent à eux-mêmes en se fabriquant une cuirasse de perfection ; mais il est une autre façon de se sauver : c'est de construire, comme toi, une autre terre, une terre féconde, la terre de ceux qui savent qu'ils sont fragiles. La légèreté des oiseaux dépend précisément du poids de leurs ailes : c'est une légèreté forte, qui n'est pas le fruit de la superficialité, mais d'une âpre lutte. Tu as vécu dans un corps aux ailes bien lourdes et tu t'es tout de même envolé, plus léger que tout le monde, pour nous aider à voler nous-mêmes.

Cette jeune fille, sous l'arbre, est restée perplexe. À sa question muette : « Que signifie défendre la beauté des choses fragiles ? », formulée dans l'alphabet du silence avec lequel se posent les questions les plus difficiles, je répondis : « Parce que ce qui est sacré au début est fragile, comme la graine qui dissimulait les branches amples et puissantes sous l'ombre desquelles nous parlons. »

Je la vis s'illuminer, car elle venait de comprendre que sa propre fragilité n'était pas une faute, mais un voyage en compagnie de tous les autres, y compris moi. Un des secrets pour réparer et se réparer, cher Giacomo, c'est l'amitié, et tu n'as rien cherché davantage que de vrais amis. En parcourant le désert de ta solitude, tu as trouvé comme amis tous les hommes, y compris moi. Sans amis, l'art d'être fragile est impossible.

Quels mois plus tard, la même élève me montra la marguerite, séchée mais intacte, conservée dans la boîte des fleurs de la mémoire : les pages d'un livre qu'elle aimait. Elle l'avait gardée pour se rappeler notre amitié et le secret de notre art de vivre : défendre les choses fragiles.

Sans amis, rien ne peut être réparé

> Rappelle-toi, mon Ranieri, que tu es la seule, l'unique, l'irremplaçable chose au monde qui rend possible à mes yeux la vie qui me reste à vivre.
>
> *Lettre à Antonio Ranieri*, 27 décembre 1832

Cher Giacomo,

C'est un amour qui te sauva, et ce ne fut pas l'amour d'une femme, mais celui de deux amis qui t'accueillirent dans leur maison de Naples et dans leur villa de Torre del Greco. Ils étaient frère et sœur et s'appelaient Antonio et Paolina Ranieri. Après la rupture de tes relations avec Fanny, il ne te restait plus que quatre ans à vivre. Et durant ces quatre années, tu n'ajoutas pas une seule ligne au *Zibaldone*, comme si le laboratoire qui devait nourrir tes vers avait accompli sa mission. À présent, il n'y avait plus que la poésie, ultime rempart contre le néant, avec l'amitié.

Tu t'agrippas à tous les deux avec cette force que mettent les naufragés qui s'accrochent au reste d'un navire pour ne pas se noyer. Ton cœur exilé par l'amour avait trouvé un abri dans celui de ton ami Antonio, au point que tu l'appelais « mon cœur », « mon âme ». Tu le suppliais, en lui écrivant jusqu'à trois lettres par semaine, de ne jamais t'abandonner. Il était l'unique attache qui t'empêchait de chuter dans l'abîme du désespoir. Un jour, tu te présentas chez lui armé d'une canne en hurlant : « Je sors et je vais bâtonner quelqu'un ! » Il réussit à te calmer, comme le font les amis, en se promenant avec toi, pour te montrer que le monde n'avait pas perdu sa beauté.

Tu n'avais pas d'argent et tu devais demander l'aumône à tes parents. Tes chaussettes avaient été reprisées trop souvent. Ta vue baissait toujours plus et tu étais obligé de dicter à Antonio tes lettres et tes poésies. Tantôt tu ouvrais les fenêtres en laissant pénétrer la lumière excessive du matin, tantôt tu les fermais même durant le jour. Tu souffrais d'insomnie et de difficultés respiratoires, et tour à tour Antonio et Paolina restaient éveillés pour parler avec toi et te lire les pages que tu aimais, comme on le fait avec les enfants apeurés. Asthme, bronchite chronique, crachats de sang, allergies, gonflement des jambes… Tout en toi était fragile, vieilli avant le temps. Et ces deux amis te sauvèrent : ce fut une amitié difficile, comme toutes les relations authentiques, qui exigent des mises au point régulières, ce par quoi justement elles deviennent plus profondes et durables. Antonio et Paolina te rappelaient ton frère et ta sœur, Carlo et Paolina, les deux autres grands amis de ta vie. Il n'est pas donné à tout le monde d'avoir pour amis des frères et des sœurs ; j'ai eu cette chance comme toi.

En ce temps-là, ceux qui te rendaient visite doutaient que fusses l'auteur de ces poésies pleines de beauté, emprisonné comme tu l'étais dans un corps désormais débile et épuisé. Même le tout jeune De Sanctis – qui allait devenir le plus célèbre critique littéraire de son temps –, quand il te vit entrer dans sa classe à l'école littéraire du marquis Puoti, resta troublé par ton air émacié, mais hypnotisé aussi par la douceur de ton sourire, ce sourire d'enfant que tu avais gardé durant toute ta vie fragile comme ce que tu avais de plus fort. Ce sourire resta si bien imprimé en lui qu'il fut le premier (et pendant longtemps le seul) à faire de tes *Canti* l'objet de ses cours de littérature : tu étais le plus grand poète moderne ; lui qui l'avait tout de suite compris cherchait à le montrer aussi à ses étudiants, qu'il menait en pèlerinage sur ta tombe, comme les adeptes d'un culte religieux.

Il compta au tout petit nombre de ceux qui se détachèrent de la foule d'intellectuels qui avaient leur religion dans les biens matériels, dans le « progrès », et leur évangile dans les journaux, ce pourquoi tu les appelas les « nouveaux croyants ». Ceux-ci te considérait comme un porte-malheur, un pauvre type incapable d'accepter la vie comme progrès illimité dans les mains de l'homme, un misanthrope qui projetait sur le cosmos sa propre difformité, si bien qu'ils te surnommèrent le « *ranavuotto* » (le crapaud). Ils lisaient tes poésies comme la plainte d'un crapaud qui ne dissimule aucun prince. Il fallait des vers d'une tout autre facture pour une époque aussi « forte » et aussi « sûre de soi », certes pas la mélancolie et l'inquiète fragilité de ton chant…

Tandis qu'à Naples les intellectuels médisaient de toi, tu t'immergeais dans le ventre de la ville et tu écoutais les gens de la rue, comme ce vieillard qui te raconta qu'il avait tout perdu vingt ans plus tôt, quand la lave du Vésuve avait dévoré ses champs et sa famille. Tu savais écouter les existences communes, même les plus fragiles, car tu sentais résonner dans chaque vie le drame du cosmos tout entier, tandis que les autres intellectuels étaient trop occupés à démontrer leurs constructions mentales pour s'apercevoir de la douleur, des besoins, et s'en approcher. À ce vieillard, il ne restait plus qu'à s'agripper à ses tristes souvenirs. Comme toi, tu t'agrippais à l'« humaine compagnie », au point de mettre ce cri dans la bouche d'un de tes derniers masques littéraires : « Vivons, mon cher Porphyre, et consolons-nous ensemble [...] pour accomplir de la meilleure manière cette fatigue de la vie » (« Dialogue de Plotin et Porphyre », in *Operette morali*). À travers la poésie, tu as toujours donné vie à l'ami à qui tu voulais communiquer ton mystère, qu'il fût proche ou lointain.

Pour se nourrir de la fatigue de l'existence, pour transformer la mort en vie, l'amitié est nécessaire. On ne peut rester fidèle à soi-même si nos vrais amis ne se substituent pas à nous dans les moments où nous cessons de croire à notre essence la plus profonde. Ce sont eux qui nous restituent notre image la plus vraie, parce qu'ils doivent aller jusqu'à nous défendre de nous-mêmes et de notre soif de destruction, quand il semble que créer soit impossible, que l'accomplissement soit perdu pour toujours, que le néant nous mérite.

Je connais moi aussi la valeur de cette amitié qui nous sauve de l'abîme, qui est à nos côtés dans les larmes, qui déchiffre les petits signes de notre visage, qui, même s'il ne peut atteindre le noyau de l'obscurité, peut nous faire sentir que nous ne sommes pas seuls dans cette traversée de la nuit intérieure.

Cette amitié sauve parce qu'elle répare notre image la plus authentique, en nous rendant la fidélité qui nous fait heureux de notre insupportable fragilité. À l'illusion de l'amour, Giacomo, survit pour toi, la solide certitude de l'amitié. J'en ai trouvé la plus belle définition dans un livre qui a tiré son titre de la vie et du destin : « L'amitié est un miroir dans lequel l'homme se reflète. Parfois, en bavardant avec un ami, on apprend à se connaître et on communique avec soi-même. [...]. Il arrive que l'ami soit une figure silencieuse, qu'à travers lui on réussisse à se parler à soi-même, à retrouver la joie au fond de soi, sous la forme de pensées qui deviennent claires et visibles grâce à la caisse de résonance du cœur d'autrui

[…]. L'ami c'est celui qui te pardonne tes faiblesses, tes défauts, tes vices, qui connaît et confirme ta force, ton talent, tes mérites. Et l'ami est celui qui, tout en t'aimant, ne te cache pas tes faiblesses, tes défauts, tes vices. L'amitié se fonde donc sur la ressemblance, mais elle se manifeste dans la diversité, dans les contradictions, dans les différences. Dans l'amitié, l'homme cherche égoïstement ce qui lui manque. Mais dans l'amitié il tend aussi à donner avec munificence ce qu'il possède » (Wassili Grossman, *Vie et Destin*).

Le jour où tu sombras dans le silence de la mort, Giacomo, Paolina t'avait porté un sachet d'amandes caramélisées. Tu te sentais bien et tu les avais mangées en quelques heures, avec un grand contentement. Les amis nous réparent avec nos passions, et, ce faisant, ils réparent nos passions.

L'amitié est la voie principale pour qu'un destin devienne une destination, mais bien peu nombreux sont les amis qui savent sauver notre ravissement, nous confirmer dans notre vocation, parce qu'il arrive qu'ils doivent nous aimer plus que nous nous aimons nous-mêmes. Et cela exige du courage et de la patience. Être fragile obligé à se fier à quelqu'un et nous libère de l'illusion de pouvoir agir seul, car on ne rejoint le bonheur qu'à deux au moins.

Réparer l'infini

> Tout ce qui est fini, tout ce qui est dernier, éveille *naturellement* en l'homme un sentiment de douleur et de mélancolie. Et cela à cause de l'infinité de l'idée que contiennent ces mots *fini, dernier.*
>
> *Zibaldone,* 13 décembre 1821

Cher Giacomo,

On dit que la différence entre un optimiste et un pessimiste tient dans le fait que le second est mieux informé que le premier. Dans ton cas, c'est vrai, justement à cause de ta quête non exaucée de vérité ; mais le pessimisme ne peut pas s'appliquer à quelqu'un qui continue à lutter alors que tout autour de lui conseille de se retirer. Jamais je n'ai perçu de pessimisme dans tes lettres ; de la douleur, oui, du mépris, de la colère, oui, mais de pessimisme, jamais.

Cette créativité qui a accompagné ta vie entière, cet art de composer, de *poétiser,* pour le dire en un mot, n'est pas compatible avec le pessimisme. Tu t'étais déjà rebellé quand on t'avait traité de misanthrope ; mais personne ne t'avait écouté.

Le pessimisme est une catégorie psychologique, relative au tempérament et à l'attitude, valide, sans aucun doute, mais restrictive. Tu voyais, certes, le verre à moitié vide, mais tu ne cessais jamais d'imaginer à partir de ce vide, que tu saisissais comme une occasion de créer. Cela n'est pas un trait psychologique, mais un choix, qui implique le moi le plus profond. À un niveau plus superficiel, il peut se manifester comme pessimiste, mais il ne s'y réduit pas. Ce mouvement de l'esprit, tu l'appelles « mélancolie » et c'est peut-être une des choses dont je te suis le plus reconnaissant, parce que tu l'as vécu et transformé en mots et en vers, de telle sorte que j'ai pu le découvrir et me permettre de le vivre et de l'habiter, comme ce que j'ai de plus précieux. La mélancolie, c'est voir l'immense fragilité du monde et ne pas s'enfuir, mais se pencher pour réparer, sans se lasser ; toujours sentir qu'il manque quelque chose et, dans ce vide, se sentir poussé, non vers le néant, mais vers la création. Cet obstacle scandaleux, que la nature semble vouloir nous imposer comme une cruelle croix, pèse sur les choses et les personnes : le passereau solitaire, la lune à son coucher, Silvia, le berger errant, le genêt et tous les héros silencieux de la vulnérabilité. Personne mieux que toi, Giacomo, ne m'a parlé sans peur de cette vulnérabilité, et j'emploie ce mot à dessein, parce qu'il contient le mot « *vulnus* », c'est-à-dire cette « blessure » perpétuellement ouverte par l'élan vers l'infini et par le contact avec les angles tranchants de la finitude des choses. Tu as regardé au fond de l'existence nue et tu l'as trouvée nue sans remède, comme il arrive à Dante lorsque la Mélancolie vient lui rendre visite après la mort de Béatrice.

De toi, Giacomo, j'ai appris ce qu'est cette mélancolie, qui nous apparente tous les uns aux autres. Souvent nous la refoulons comme un sentiment négatif et mal approprié, mais en réalité c'est un mouvement du cœur qui nous sauve et nous pousse à créer et à réparer les choses et les personnes. C'est un désir d'amour et de beauté, sous toutes leurs formes, sous toutes leurs forces, de la labile lumière du soleil sur les feuilles d'un arbre d'automne jusqu'à la plénitude de celui qui expérimente sur soi la miséricorde absolue d'être vraiment aimé pour ce qu'il est. C'est un désir qui pousse à être découverts, disponibles, ouverts, à baisser la garde pour qu'un baume vienne panser notre blessure d'infini, et même pour que l'infini entre en nous par cette blessure.

Tel a été ton plus grand cadeau, Giacomo : résister dans le paradoxe, accepter la mélancolie comme ultime relique de l'absolu dans la finitude de l'homme. La mélancolie est le prix de la présence de l'éternel en l'homme, l'inquiétude de l'homme blessé par l'épine de l'infini, qui, semblable à celle de la rose, essaie de nous faire oublier ce qui nous attend au sommet de la tige mais qui, en réalité, défend seulement ce qu'elle annonce. La mélancolie est la porte fermée sur la chambre où dort le divin en nous. La poésie, la tentative de donner forme à une clé qui puisse l'ouvrir, sans jamais perdre espoir. Jusqu'au dernier soupir.

Réparer est synonyme d'aimer

Je n'ai jamais autant ressenti la vie qu'en aimant.
Zibaldone, 1819-1820

Cher Giacomo,

Il y a peu de temps, j'ai conversé avec une dame, parfaitement lucide et élégante, qui avait cent ans et portait son âge avec un naturel absolu et une pointe d'orgueil, comme quelqu'un qui connaît les secrets de l'art de réparer. Elle disait avoir commencé à comprendre quelque chose à la vie autour de ses quatre-vingt-dix ans, quand, contrainte par son corps à ralentir, par ses yeux à renoncer à lecture et par le bon sens à éteindre la télévision, elle s'était mise pendant des heures à repenser à tout ce qui lui était arrivé pendant presque un siècle. Elle avait extrait des méandres de sa mémoire tous les épisodes et les souvenirs qui, comme une substance plus lourde, s'étaient déposés un certain temps sur le fond de sa mer intérieure. Et elle me confiait que ces sédiments étaient faits d'une seule chose : l'amour, l'amour donné et reçu. Elle l'appelait beauté, la beauté d'avoir construit quelque chose qui reste : le poids d'une vie. « Ce que vous savez aimer est votre héritage véritable [...]. Ce que vous savez aimer ne vous sera pas retiré », dit Ezra Pound (*Canto LXXXI*). Et cette dame centenaire était arrivée à la même conclusion. Son héritage était bien fondé, architecturalement stable, indestructible, comme un futur antérieur : quelque chose qui restera mais qui est déjà advenu. Une demeure où habiter et faire habiter.

Toi, Giacomo, c'est bien plus tôt que tu as acquis la même conscience, parce que tu as brûlé les étapes de la vie et qu'à trente-huit ans tu en avais cent, et non seulement parce qu'à ton époque on vieillissait plus rapidement, surtout si l'on avait un corps aussi faible que le tien, mais aussi parce que l'âge est une chose plus intérieure qu'extérieure.

Et ce que tu as su aimer, l'héritage qui ne te sera pas enlevé, c'est la poésie, ou plutôt son essence : l'art de réparer l'incomplétude des choses en les chargeant sur ses épaules, comme on le fait d'un enfant fatigué de marcher mais proche du sommet.

Le chant, après avoir sombré sous le rocher de l'expérience, avait réaffleuré comme un fleuve karstique vers la fin des années 1820. Il était revenu comme une exigence du cœur, mais d'un cœur mûr, celui qui voit les limites des choses et les accepte avec courage pour en faire une occasion de fécondité.

Ta poésie dépasse l'enchantement de l'adolescence et le désenchantement de la maturité dans la profondeur du chant de réparation. Malgré toutes les cicatrices, tu chantes. Ou plutôt grâce à elles.

C'est justement là où la pensée s'était achevée, ne trouvant plus d'issue, que la poésie reprend vigueur et s'élève d'une façon nouvelle sur les décombres. Seule la poésie rachètera la jeunesse perdue, seule la poésie préservera la fidélité à toi-même, à ton ravissement originaire, grandi à travers toutes les défaites :

Un des fruits les plus précieux que j'espère tirer de mes poésies, c'est qu'elles réchauffent ma vieillesse par la chaleur de la jeunesse ; c'est de les savourer à cet âge et d'éprouver quelques

vestiges de mes sentiments passés, que j'y ai mis comme en dépôt pour les conserver et leur donner un peu de durée ; c'est de m'émouvoir moi-même en les relisant, comme souvent cela m'arrive, et mieux qu'en lisant les poésies d'autrui ; c'est, outre le souvenir, la méditation sur ce que je fus, et la comparaison avec moi-même, et enfin le plaisir qu'on éprouve en goûtant et en appréciant ses propres travaux, en contemplant avec complaisance les beautés et les qualités d'un enfant à soi, sans autre satisfaction que d'avoir créé une belle chose au monde, qu'elle soit ou non connue pour telle par autrui.
*(*Zibaldone, *15 février-15 avril 1828)*

Voilà ce que j'aimerais pouvoir dire moi aussi à la fin de ma vie.

En laissant décanter ta vie, il restait le chant. Et c'est du chant qu'il nous faut parler, ton héritage, car c'est la « belle chose » que tu as créée. Tu avais fait quelque chose de semblable aux étoiles que tu contemplais dans tes promenades nocturnes et dont tu avais appris la merveilleuse leçon : l'être au monde d'une belle chose, plutôt que la destruction, la fuite et la défaite. La beauté était là, la beauté qui résiste au temps, bien que tu en fusses le très fragile auteur.

Ce que l'on sait aimer se décante et devient histoire. La vieille dame, dans son bel italien aux couleurs siciliennes, me dit qu'à l'âge encore tendre de quatre-vingt-dix ans l'amour l'avait saisie, et elle se référait naturellement à un Amour éternel, celui qui « meut le soleil et les autres étoiles[1] », un amour qui l'avait peu à peu séduite, surmontant les obstacles de son cœur, où il s'était établi comme il ne l'avait jamais fait. C'était l'héritage indestructible de ses cent ans de vie, la découverte

1. C'est-à-dire Dieu, selon le dernier vers de *La Divine Comédie* de Dante.

qu'avant d'aimer nous devrions d'abord nous laisser aimer, qu'avant de rejoindre l'infini nous devrions nous laisser atteindre par lui. Cet héritage ne lui serait pas enlevé, pas même par la mort.

L'homme a la hauteur de l'infini, mais, avec ses seules forces, il n'est pas capable de l'atteindre, il peut seulement le recevoir, l'accueillir et lui répondre. Il est poète, celui qui accueille la vie, la reçoit en hôte et s'emploie à la réparer. La poésie n'est pas décoration, embellissement, magie lancée sur le monde, elle n'est pas un enchantement qui dissimule la limite. Mais elle n'est pas non plus désenchantement, parce qu'on ne peut faire de poésie s'il n'y a pas d'éros pour les choses fragiles : sans espérance, on n'écrirait même pas une ligne. La poésie est le chant de l'infini enclos dans la limite, une greffe de l'invisible sur le visible.

La poésie est une éthique et une esthétique du quotidien accessible à tout le monde et praticable par tout le monde, quoi qu'on fasse dans la vie. Notre tâche est de transformer la répétitive prose quotidienne en vers, de faire de chaque jour une chose belle, en portant à l'accomplissement ou en réparant une incomplétude. C'est ce que cherchent tes vers, par lesquels tu répares celui qui ne réussit pas à fleurir et perd confiance. Ta vocation à la beauté est l'appel qui nous invite tous, quotidiennement, à réparer la mort qui menace notre originalité et celle des autres.

Tel est ton héritage. Le bon et le beau faits au monde, à quelque prix que ce soit. Telle est ton histoire.

Le reste n'est que scories.

Le Coucher de la lune : Instructions pour un bon usage du désarroi

> Un temps viendra où, dépourvu de toute autre espérance, d'autre état auquel recourir, je déposerai toute mon espérance dans la mort ; et alors je recourrai à toi, etc. Prends alors pitié, etc.
>
> Notes pour un hymne au Rédempteur, *Hymnes chrétiens*

Cher Giacomo,

Quand un jour, au lycée, j'entendis les mots que tu mets dans la bouche du berger errant : « Vers quoi donc tend mon errance si brève[1] ? », je tremblai jusqu'au fond de moi. J'avais dix-sept ans et, durant un instant, je dépouillai mon cœur de tous les masques et j'entendis la question que je devais poser et me poser à moi-même, et que tu avais su distiller en mots si précis : « *dove* », « *vagare* », « *breve* ». Mon mouvement vital, souvent confus mais en chemin, vers quoi se dirigeait il ?

À présent que j'ai fêté depuis peu mon trente-neuvième anniversaire, je t'avoue que je sens de façon toujours plus forte l'âpre évidence dont tu me parlais en ce jour. Il y a la grande Histoire qui finira dans les livres, l'histoire purifiée des intempéries, de la poussière du chemin qui s'est attachée à notre cœur. Et puis il y a la petite histoire qui, à l'inverse, ne restera que

1. « *Ove tende questo vagar moi breve ?* »

dans le souvenir de qui l'a vécue, pavée d'abandons, de trahisons, de promesses non tenues, de blessures, de rancœurs, d'espérances déçues… Je regarde ces jours qui me mènent au cœur de ma quarantième année et je vois la crise : la crise, comme les anciens Grecs appelaient l'acte de séparer le grain de la balle au moment de la moisson, ce qui sert à faire le bon pain de ce qui est éphémère et ne peut guère produire qu'un feu de paille.

À trente-neuf ans, on commence à examiner les choses avec une certaine lucidité, on distingue le grain qui sert à nourrir la vie (amour, amitiés, travail) de ce qui a été la flambée d'un moment, pas même bon à se réchauffer. Je m'agrippe aux livres qui m'ont vraiment marqué, je commence à les relire, et tant pis pour les autres. Restent les amis vrais, les amours fidèles, l'engagement quotidien dans un travail éventuellement peu reconnu de la foule mais qui est utile – et comment ! – parce qu'il est au service des autres et qu'il est le déploiement de ma faculté de réparer. À trente-neuf ans reste au centre de mon cœur le grand amour, celui que personne ne peut détruire, l'amour qui soigne, l'amour qui soutient, l'amour qui sait se taire et parler, l'amour qui fait saigner et rêver, l'amour qui sauve parce qu'il est fidèle et durable. Et dans le cœur, comme une aube après la nuit, la certitude trace sa route, parce que c'est un amour qui unit les impossibles : le terrestre et le céleste, le divin et l'humain, le combatif et le pacifiant.

Dans les campagnes de ton avant-dernier chant, dédié au *Coucher de la lune*, je retrouve un homme errant comme le pasteur d'Asie. Ce sont des vers pleins de ténèbres dans une nuit où la lune elle-même s'obscurcit. Ton meilleur ami raconte que tu lui en dictas la dernière strophe peu avant de rendre ton dernier soupir, mais ce n'est peut-être qu'une anecdote symbolique. Tu avais presque l'âge que j'ai maintenant, et avec cette évolution du berger errant, qui me consola voilà vingt ans, tu continues à m'accompagner : un voyageur entre en scène sous un ciel étoilé, alors que la lune s'est dissipée comme la jeunesse avec ses promesses. Il est perdu dans les ténèbres, comme le pèlerin dantesque, il est « *confuso* », il ne sait plus où le porte son chemin, il cherche le but et la raison de son voyage. Les signaux sur le chemin qu'il faut affronter se font de plus en plus faibles, la fatigue de l'expérience épuise les jambes et les yeux. Il n'a rien trouvé qui justifie son voyage, les réponses aux questions du berger errant ne sont jamais arrivées, et c'est pour cela que, dans *Le Coucher de la lune*, le voyageur devient étranger à lui-même, se dédouble, raison et cœur semblent inconciliables, comme dans la dramatique déchirure d'*À soi-même*, mais la nuit paraît plus sombre encore et il semble impossible d'habiter la « demeure » de cette vie : la vie et le destin paraissent étrangers l'un à l'autre, terre de l'exil pour l'une, forme de l'exil pour l'autre.

Existe-t-il un but vers quoi tende la vie ? Ou ne reste-t-il qu'une errance de plus en plus brève, privée de signaux, à présent que la dernière lueur s'est éteinte ?

Telle s'enfuit, et telle
Abandonne l'âge mortel
La jeunesse. S'échappent
Toutes les ombres, les apparences
Des bien-aimés mirages, et se dissipent
Les longues espérances
Où s'appuie la nature mortelle.
Obscure, abandonnée,
Reste la vie. Plongeant ses yeux en elle,
Le voyageur, perdu, vainement cherche
Du long chemin qu'il pressent lui rester
Le but ou la raison ; et il voit

Que l'humaine demeure lui est
Étrangère, comme il l'est désormais pour elle.

Sans les « lointaines espérances », sur quoi elle avait appuyé son avenir et donc le présent, la vie se retrouve « abandonnée » et sombre dans la ténèbre « obscure » de l'expérience. La peine la plus grave après tant de tromperies est la vieillesse elle-même, chez qui le désir reste « intact », mais où l'espérance de le satisfaire a disparu. Le divorce apparaît total, l'exil incurable. Dans la jeunesse, on pouvait encore espérer que le « désir », par sa force même, recevrait quelque aliment, mais, dans la vieillesse, les sources de l'élan sont desséchées et le bien à atteindre ne semble même plus probable.

Trouvaille digne
D'esprits divins, ultime
De tous les maux, les Éternels ont inventé
La vieillesse, où soit intact
Le désir, l'espoir éteint,
Sèches les sources du plaisir, les peines
Toujours plus grandes, et le bien refusé.

Le « suprême plaisir » (« *sommo piacere* »), le plongeon dans la vie même de Dieu, but et raison du pèlerin dantesque dans le dernier chant du *Paradis*, semble impossible à ton voyageur égaré. L'ardeur du désir, qui, chez Dante, trouve sa satisfaction au contact de sa source, reste pour toi une promesse chimérique. Et pourtant, Giacomo, il y a tant de beauté dans tes ultimes vers qu'ils ne peuvent faire moins, une fois de plus, que de vaincre ta propre amertume : au moment même où tu communiques la douleur, sans le savoir tu la répares. L'univers n'est pas tenu à être beau, et pourtant il l'est. Ainsi de tes vers, malgré leurs ténèbres. Dans un coucher de la lune, tu décris une de tes aubes les plus belles, justement parce qu'elle est désir de lumière dans une nuit obscure, cette lumière qui revient est but et raison pour le voyageur, parce que, s'il n'y a pas de raison d'être à la beauté, la beauté donne du sens.

Tu en reviens à compter les étoiles dans la nuit et tu reçois leur beauté avec le cœur, qui, nonobstant les impératifs de la raison, est encore là, intact, ouvert, comme la poésie :

Vous, coteaux et rivages,
Une fois chue la splendeur qui, au couchant,
Argentait le voile de la nuit ;
Vous ne resterez pas longtemps
Orphelines, car de l'autre côté
Vous verrez bientôt le ciel
Nouvellement blanchir et sourdre l'aube,
Et, la suivant alors, le soleil,
Flamboyant alentour
De ses flammes puissantes,
De torrents lumineux
Vous inondera vous et les champs de l'éther.

La terre redeviendra presque céleste, éthérée, écris-tu, et des torrents de lumière couvriront la campagne. Les choses ne restent jamais privées de lumière. Sur tout ce qui est proprement humain, en revanche, tombe une nuit de pierre. À nous ne reste que la mélancolie d'une promesse non tenue et l'égarement de qui marche sans savoir vers quel orient. Ici, chez nous, tout semble accidentel, proie du chaos, et occidental, au couchant. Pourquoi toute cette lumière ne nous atteint-elle pas, pourquoi ne nous répare-t-elle pas, pourquoi ne nous tire-t-elle pas des ténèbres de notre vie ?

La jeunesse est la seule aurore qui ne revient pas, et la vie n'est autre que la veuve de la lumière, son origine n'est autre que sa fin : le néant de la mort.

Mais la vie des mortels, lorsque la belle
Jeunesse a disparu, ne se colore
Plus jamais de lumière ou d'aurore nouvelle.
Veuve elle reste jusqu'à la fin, et à la nuit
Qui obscurcit les autres âges
Les dieux ont mis pour borne le tombeau.

Mais pour nous, Giacomo, pouvons-nous être réparés par cette lumière ? Avec quelle lumière pouvons-nous réparer, si cette lumière n'est pas en nous ? Notre graine peut-elle être une graine de rose ou seulement la semence des larmes ? Ou tout au moins d'un chant mélancolique ?

La trame du destin

> Vivons, mon cher Porphyre, et consolons-nous ensemble : ne refusons pas de porter cette part des maux de notre espèce que le destin a établie pour nous. Mais veillons à nous tenir compagnie l'un l'autre, et encourageons-nous, et prêtons-nous mutuellement aide et secours, pour accomplir le mieux possible cette fatigue de la vie.
>
> « Dialogue de Plotin et Porphyre », in *Operette morali*

Cher Giacomo,

J'aimerais qu'on se souvienne de toi comme le poète du destin et non du malheur, comme le poète de la mélancolie et non du pessimisme. Comme un poète de la vie qui lutte pour trouver sa destination et son sens, non comme un poète bossu qui se vit refuser la joie. Le destin chercha à t'emprisonner par tous les moyens, mais plus il s'acharnait, plus tu le transformais en destination de beauté, en créativité, non sans échapper pour autant à son fardeau et à la fatigue.

Il y a quelque temps, j'ai reçu dans ma classe un élève de seconde qui n'était pas de notre lycée. Dans un projet d'alternance école-travail, son établissement d'origine donnait aux élèves l'occasion d'aller faire leur apprentissage chez quelqu'un qui faisait le métier qu'ils envisageaient de faire eux-mêmes, pour vérifier qu'il ne s'agissait pas seulement d'une projection illusoire.

C'est ainsi, que venu de son lycée, situé dans une autre ville, il est arrivé dans ma classe.

Ce jour-là nous devions nous attaquer à un chant de l'*Odyssée*, poème que nous lisons intégralement durant l'année d'entrée au lycée. Personne ne s'attendait à le voir arriver sur une chaise roulante. Il avait une maladie rare et incurable, invalidante au point de lui avoir déjà paralysé les mains et les pieds, et de rendre le moindre rhume dangereux pour lui. Mais la maladie n'avait pas affecté son sourire, qui trahissait une lumière incompréhensible et éveillait la curiosité de mes élèves. Face à nous, il y avait un garçon qui, malgré tout, malgré ce destin qui frappe moins de mille personnes en Italie, était en train de construire son rêve d'enseigner. Je n'oublierai jamais ce jour et ce cours que nous donna un garçon de seize ans qui n'était pas du tout disposé à perdre la vie pourtant enclose dans un corps qui la trahissait. N'as-tu pas affronté tout cela toi aussi, Giacomo ? Et avec le même élan plein de fierté ?

Tu as réussi mieux que quiconque à observer au microscope de la raison et à celui du cœur l'étoffe du destin et tu en as décrit l'entrelacement.

Le premier des fils est une chaîne, et c'est ce qui est nécessaire : ce sont les lois qui règlent l'existence et son devenir, règles de fer qui déterminent le mouvement des astres, des oiseaux, des plantes, l'éternel retour de la lumière après les ténèbres de la nuit. Des liens que l'homme ne peut modifier et qu'il a souvent regardés avec envie. La Nature ne se rend pas compte qu'elle fait mal à l'homme, comme l'explique l'Islandais, navigateur indomptable à la recherche d'une explication finale, personnage aussi fort que faible :

LA NATURE : *T'imaginais-tu donc que le monde était fait pour vous ? Or sache que, dans presque tous mes œuvres, mes lois et mes travaux, j'ai toujours visé et vise encore à tout autre chose qu'au bonheur des hommes, ou à leur malheur. Quand je vous blesse de quelque façon, et quelle qu'en soit la manière, je ne m'en aperçois pas, sinon très rarement ; de même que, si je vous suis agréable ou bénéfique, ordinairement je n'en sais rien. Et je n'ai jamais fait, comme vous le croyez, telle ou telle chose pour vous être utile ou agréable. Et, pour finir, s'il m'arrivait de mettre fin à toute votre espèce, je ne m'en apercevrais même pas.*

(« Dialogue de la Nature et d'un Islandais », in Operette morali*)*

La vie n'est qu'un mécanisme aveugle de lois et de nécessités. La conséquence ne peut en être que la douleur pour qui, à la différence des choses de la nature, a conscience d'exister, comme l'Islandais, dont la condition est justement de subir la lutte entre production et destruction qui règle la conservation du monde, privée de toute tendresse pour l'homme. Mais l'Islandais ne se rend pas et pose une dernière question, qui pourrait donner de l'espérance :

Qui jouit donc ou qui profite de cette vie misérable de l'univers, que conservent la souffrance et la mort de toutes les choses qui le composent ?

La réponse n'est qu'un grand silence. Elle viendrait s'il y avait un interlocuteur vivant, mais il n'y a qu'une divine et nécessaire Indifférence. Le jeu est fini. La Nature redevient ce destin aveugle qui, sous forme de lions ou de vent du désert, disperse les atomes de l'Islandais, qui naviguait, comme Ulysse, jusqu'aux extrêmes confins du monde pour chercher la réponse aux questions du pasteur errant : « Qui suis-je donc ? Où tend ma brève errance ? » L'errance est devenue navigation vers les terres extrêmes, où se dissimule la Nécessité.

Le second fil de la trame du destin tresse plusieurs éléments, au point qu'il peut apparaître comme une corde : ce sont les « faits », c'est-à-dire ces choses qui ne dépendent pas des lois de la nature, mais qui, une fois posées par quelqu'un, deviennent également nécessaires. Elles sont réalisées par l'homme, qui chaque matin se réveille, riche du repos nocturne et d'une espérance renouvelée, prêt à commencer quelque chose. Tout cela appartient au domaine de l'Histoire. Si la nature est réglée par des lois nécessaires, comme la gravité et les orbites des planètes, l'Histoire est réglée par les choix des hommes : ceux-ci déterminent les faits et procurent à l'homme l'ivresse de l'avenir, qu'il sent, au moins partiellement, tenir dans ses mains et dans ses décisions. Chaque matin, un immense coq répète son chant mystérieux qui invite les hommes à revenir à la lumière, comme s'ils naissaient du sein de leur sommeil :

Allons, mortels, réveillez-vous ! Le jour renaît, la vérité revient sur terre, et les vaines images se dissipent. Levez-vous ; reprenez le fardeau de la vie ; repassez du monde fictif au monde véritable. / En un instant, chacun recueille et rassemble en son âme les pensées de sa vie présente ; rappelle à sa mémoire les desseins, les études, les travaux ; entrevoit les plaisirs et les tourments qui se préparent pour lui dans l'espace du jour nouveau. Et chacun, dans cet instant, désire plus que jamais retrouver dans son esprit des attentes joyeuses et de douces idées.
(« Cantique du coq sauvage », in Operette morali*)*

Le simple fait qu'une personne soit au monde est réglé par le libre choix de deux autres personnes qui se sont rencontrées et aimées, et chacun des deux doit la vie à deux autres personnes qui se sont rencontrées dans d'autres circonstances, tous pleins d'espérance dans la vie. Si, cher Giacomo, je pense un instant que je suis fait de cette corde de l'Histoire, je prends peur, car immédiatement me vient à l'esprit ta question : pourquoi suis-je au lieu de ne pas être ? « À quoi bon tant de flammes ? /… Et moi que suis-je[1] ? »

Et l'emploi de ce « que », qui n'est pas encore un « qui », trahit une autre question : suis-je *quelque chose* qui relève de la Nature, comme les « flammes » (les étoiles), ou *quelqu'un* dans l'Histoire ?

Qu'importe… L'enchevêtrement des libres volontés est tellement dense que l'Histoire, pour nous qui sommes en aval, est toujours un destin. Et cette Histoire est aussi dramatique que les chaînes de la Nature, parce qu'elle ne vise qu'à une fin et que nous avons beau nous tourmenter pour qu'il en aille autrement, nous finissons par épouser la cause de la Nécessité naturelle :

Certes, la cause ultime de l'être n'est pas le bonheur ; car nulle chose n'est heureuse. Il est vrai que les créatures animées se proposent cette fin en chacune de leurs actions ; mais elles ne l'obtiennent en aucune ; et, durant toute leur vie, s'y ingéniant, y travaillant, et toujours peinant, elles ne souffrent vraiment et ne se fatiguent pour rien d'autre que pour atteindre ce seul objectif de la nature qui est la mort.

Cette combinaison de Nature et d'Histoire qui est le destin nous touche tous, chacun sous une forme unique, et, une fois advenue, rien ne saurait la modifier. « J'ai demandé à beaucoup de gens s'ils seraient

1. *Chant nocturne d'un berger errant de l'Asie*, v. 86-89.

satisfaits de revenir refaire leur vie sur terre, à condition de la revivre exactement comme la première fois. Je me le suis aussi demandé souvent à moi-même » (*Zibaldone*, 1er juillet 1827). Ce dialogue, avec les autres ou avec toi-même, sera à l'origine d'une de tes *Operette* :

LE PASSANT : *Mais si vous aviez à revivre exactement la vie que vous avez menée, avec tous les plaisirs et les peines que vous avez connus ?*

LE VENDEUR : *Ah ça, non, je n'en voudrais pas !*

LE PASSANT : *Quelle autre vie voudriez-vous donc mener ? La mienne ? Celle du prince ? Ou la vie de qui d'autre ? Ne croyez-vous pas plutôt que moi, le prince et n'importe qui répondraient exactement comme vous, et qu'à mener de nouveau la même vie, personne ne voudrait revenir en arrière ?*

LE VENDEUR : *Ça, je le crois.*

(« Dialogue d'un vendeur d'almanach et d'un passant », in Operette morali*)*

C'est pourquoi nous avons besoin de donner à cet entrelacement de Nature et Histoire un nom : fortune, hasard, sort, providence… Et nous espérons qu'il nous réserve quelque chose de bon pour l'avenir, étant donné que nous ne pouvons plus agir sur le passé.

LE PASSANT : *Moi aussi, je souhaiterais la même chose si j'avais à revivre. Mais cela signifie que le hasard, jusqu'à cette année-ci, nous a tous mal traités. Et il est clair que chacun pense avoir reçu plus de mal que de bien, puisque personne n'accepterait de renaître à la condition de revivre sa vie passée, avec tous ses maux et ses biens. Cette vie qui est belle, ce n'est pas la vie qu'on connaît, mais celle qu'on ne connaît pas ; ce n'est pas la vie passée, mais la vie à venir. Avec cette nouvelle année, le sort commencera à bien nous traiter, vous, moi et tous les hommes, et alors débutera la vie heureuse. N'est-ce pas ?*

LE VENDEUR : *Espérons.*

LE PASSANT : *Montrez-moi donc le plus bel almanach que vous ayez.*

Nous espérons tous que cela puisse aller mieux, mais existe-t-il une possibilité que cela se produise, Giacomo ? Cet entrelacement pourra-t-il jamais avoir notre nom ? Qu'en faire s'il est destiné à la mort ? Qu'en faire si nous ne voudrions jamais revivre notre vie ?

Pourtant tu savais, cher Giacomo, que le destin n'est pas la simple somme de ces fils entrelacés : ils n'en sont que la trame manifeste, mais l'homme, inséré dans cette architecture de l'existence, découvre qu'il est, non quelque chose, mais quelqu'un, et il se demande quel est son rayon d'action et comment apprendre à choisir la vie qui lui est destinée, comme un artiste qui a vaincu la dureté d'un bloc de marbre.

Tu découvres peu à peu que le destin est en réalité, dans l'homme, l'assignation d'une tâche et que l'homme est appelé à en prendre toute la responsabilité et à la réaliser. C'est cela qui fait de toi le grand poète du destin : tu ne permets pas qu'il coïncide avec la nécessité, les données de fait, la chance, mais tu lui laisses son espace de mystère, qui interpelle l'action passionnée de l'homme. C'est pourquoi l'homme de tes poésies est toujours en mouvement : un berger nomade, un voyageur égaré, qui affronte la nuit avec courage et dépasse la conclusion provisoire qu'il avait trouvée dans sa maturité, celle des *Operette morali* :

Si j'obtiens la mort, je mourrai aussi tranquille et satisfait que si je n'avais jamais rien espéré ni désiré d'autre au

monde. Tel est le seul bienfait qui puisse me réconcilier avec le destin.
(« Dialogue de Tristan et d'un ami », in Operette morali*)*

Tu vas au-delà de cette acceptation mature de la mort. Pour tout transformer en vocation, il faut l'héroïsme de qui transforme l'élégie en hymne, la mélancolie en épopée, il faut un éros intact pour la vie, même la plus faible. Parce que la tâche de chaque être humain, même le plus fragile, est de rester fidèle à soi-même, comme cet élève qui veut devenir enseignant du haut de la chaire dramatique et souriante de sa chaise roulante.

La poésie est lumière dans la nuit et nuit quand on est dans la lumière

> Votre lettre, après six mois d'une horrible nuit, après une vie que Dieu épargne à ses pires ennemis, a été pour moi comme un rayon de lumière, plus béni que ne peut l'être la première lueur de l'aurore dans les régions polaires.
>
> *Lettre à Pietro Colletta,* 2 avril 1830

Cher Giacomo,

Sur ta tombe, au Parc de Virgile à Naples, on voit gravées tes dates : Recanati, 29 juin 1798 – Naples, 14 juin 1837. Trente-huit ans, presque trente-neuf. Les Anciens le savaient : la tombe – en même temps que les récits dont on est le sujet – est le seul moyen de conjurer la mort (c'est-à-dire l'oubli). Cette pierre témoigne une fois pour toutes que tu n'es même pas resté sur terre quarante ans. Parmi les quatre-vingts milliards d'hommes environ qui ont sillonné les routes de notre monde, de combien en savons-nous autant ? Tes chants sont l'essence distillée par ces trente-huit années : c'est un petit livre, mais si débordant qu'on a l'impression d'avoir en poche une éternité.

Un poète que j'aime beaucoup et qui nous a quittés voilà peu t'a dédié en 2006 une poésie : *Le Tombeau de Leopardi.* Yves Bonnefoy, qui est peut-être ton véritable héritier au XXe siècle, poète du désir, de la veille, des questions, de la « clarté » qu'il faut chercher à tout prix, écrit dans la première strophe :

Dans le nid de Phénix combien se sont
Brûlé les doigts à remuer des cendres !
Lui, c'est de consentir à tant de nuit
Qu'il dut de recueillir tant de lumière.

Seuls les poètes sont des critiques fiables d'autres poètes. Dans ces vers est contenue l'épitaphe capable de saisir l'unité entière du sens de ta vie, comprise entre ces deux dates lapidaires. De chaque homme, de chaque femme, il m'importe de pouvoir dire qui ils ont été, d'arracher le secret de la « nécessité » de leur existence dans le grand jeu du monde, le sens d'une vie entière soustrait au flux anonyme des siècles. Ton secret à toi est dans ces deux vers : ce n'est qu'en consentant à tant de nuit que tu as trouvé tant de lumière ; tu es né d'une limite pour la dépasser, comme le Phénix. Ta lumineuse nuit, ou ta nocturne lumière, est ton secret, ton paradoxe. Seul un cœur amant de la lumière sait être ami de la nuit, seul un homme qui risque de perdre la vue sait apprécier la lumière, aussi faible soit-elle.

Tous les grands artistes se nourrissent de ces moments de crise et de dysharmonie, parce que leur œuvre est la partie concave qui correspond à la convexité de la vie, ou le contraire. Habitant pleinement la part insuffisante et limitée qui leur est donnée, la vivant comme une possibilité et non comme une simple privation, ils en font sentir la partie manquante.

De nos jours, Giacomo, quand on étudie à l'école la littérature italienne, on commence par un poème de saint François d'Assise, le *Cantique des créatures* ou *Cantique de Frère Soleil* (il y a toujours quelque part une étoile dans les vers des poètes). La littérature dans notre langue est née quand quelqu'un, face à la beauté des choses, fut ravi comme toi et, ne réussissant pas à contenir sa joie, plein d'émerveillement, a écrit, pour remercier le Créateur de cette beauté, des vers aussi beaux que tout le monde pourrait répéter, dans la langue de tout le monde et de tous les jours : la langue vulgaire. Il t'était arrivé la même chose au moment de ton ravissement : tu avais cherché les mots aptes à dire le printemps des choses, tu ne pouvais attendre des années pour le célébrer. C'est de l'élan du cœur émerveillé devant l'eau, le feu, le vent, les étoiles et la mort elle-même, que naît toute littérature et particulièrement la littérature italienne. Les choses sont et elles sont belles, bien que n'étant pas tenues à l'être, et c'est pourquoi il faut les magnifier.

Toi-même, comme François d'Assise, tu t'amusais dans la nuit à compter les étoiles une à une ; c'était ta prière et la source de ton chant, car, comme dit un autre poète, Paul Celan, « l'attention est la prière spontanée de l'âme ». Et pourtant, comme François d'Assise, toi aussi tu tirais ce chant de la douleur. Nombreux sont ceux qui croient que le *Cantique des créatures* est né comme une simple ivresse, panthéiste et joyeuse, dans l'enchantement de la nature et de la lumière du soleil. Mais c'est tout le contraire. Le Cantique est né dans une des nuits les plus douloureuses et les plus tourmentées, pour le corps et l'âme, de cet homme aux yeux malades comme les tiens, au point qu'il ne pouvait pas même supporter la lumière des chandelles ; et, durant cette nuit d'insomnie, il se sentit abandonné de Dieu ; dans le froid intérieur et extérieur dominait le silence de son Créateur, et lui, désespérément, priait pour que passent ces heures et ce silence. Dieu lui répondit à l'aube, avec la renaissance de toutes les choses, et, à la lumière vierge du matin qui révélait sa beauté encore intacte, ce chant jaillit du puits de l'abandon, de la peur que le néant ne l'emporte. Un cantique qui n'a rien de sentimental ni de panthéiste, mais qui tient justement toute sa puissance de la réalité limitée de l'homme qui se transforme en prière à Dieu, créateur et recréateur des choses et donc garant de l'être et non du néant : celui qui prend soin de tous les destins pour qu'ils fleurissent, même quand cela ne semble pas être le cas. Un chant de l'être né précisément à partir de cette absolue pauvreté, de cette absolue fragilité que François avait choisies et qui, cette nuit-là, étaient devenues un doute lacérant, une douleur, une terreur d'avoir été le jouet d'un destin illusoire. De cette nuit, François eut la réponse, et la lumière du matin envahit son cœur, comme elle envahissait le ciel, au point de lui faire sentir la mort même comme une sœur, et toute chose habitable, y compris la plus obscure.

Ta poésie, Giacomo, et ta quête de lumière dans la nuit ont quelque chose de « franciscain » : désormais menacé de cécité, prenant conscience de l'inexorable chemin de toute chose vers la mort, tu transformes les choses en chant, y compris les choses les plus petites, les plus fragiles, avec le mystère de leur puissante présence. Nous sommes faits pour la parole, non pour la mort, parce que la parole peut prononcer les syllabes qui outrepassent la mort : « Je t'aime », ou encore « Il est beau que tu existes ».

Ta plume a été une plume de lumière, Giacomo, une lumière ténue mais une lumière, toujours et partout. Mélancolique lumière, héritage d'une lumière perdue ou d'une lumière promise et non encore accomplie, comme le crépuscule du matin. C'est ainsi que tu remontais vers la lumière, à travers l'obscurité, retournant comme un mineur avec un sac de diamants sur l'épaule et, dans les yeux, les marques de la fatigue et de la peur. Tes diamants ne sont pas du carbone, mais des vers, ils ont la forme de chants extraits des cavernes les plus obscures du moi. Nous sommes faits pour la parole, non pour la mort, parce que la parole peut prononcer des syllabes qui réparent la mort en créant de la beauté.

Et c'est cela qui sauve la vie, parce que « qui est né pour chanter chante encore en mourant » (Giuseppe Ungaretti), comme seuls savent le faire les martyrs, c'est-à-dire les témoins (c'est le sens du mot « martyr ») de la vie tout entière. Tu m'as appris que l'on peut toujours chanter, même quand ce que l'on chante est un « peut-être », un point d'interrogation, une question, une quête. Qui chante dit le bien, c'est-à-dire bénit le monde, et le répare.

Tu as modulé un chant ténu que, dans le silence de la nuit, l'on entend « mourir en s'éloignant[1] », pour dire oui à l'être-ici, avec nos blessures, qu'il faut soigner tous les jours, surtout chez ceux qui nous sont proches, en faisant don de ce peu que nous avons, de notre fragilité même, comme une graine qui se donne à la lumière pour devenir fleur, même au milieu du désert, comme font les lis sur les plages arides de ma terre ou comme ton genêt avec son héroïque parfum :

Et toi, souple genêt,
Qui de forêts odorantes
Orne ces campagnes dépouillées[2]*…*

1. Citation d'un des derniers vers du *Soir du jour de fête.*
2. *Le Genêt* ou *La Fleur du désert*, 34e chant et testament de Leopardi.

Le Genêt :
Fleurir dans le désert ou faire fleurir le désert

> Ou la vie redeviendra une chose vivante, et non morte, ou bien ce monde deviendra une prison de désespérés et peut-être même un désert.
>
> « Fragment sur le suicide »,
> appendice aux *Operette morali*

Cher Giacomo,

Tu as intitulé ta dernière poésie, ton testament, *Le Genêt ou La Fleur du désert*. Tes dernières années de vie s'écoulèrent entre Naples et Torre del Greco, où tu te réfugias quand la ville fut en proie au choléra, qui moissonnait les hommes sans se soucier d'eux, comme la Nature le fait avec l'Islandais. Le paysage que tu pouvais contempler de la Villa des Genêts, ainsi rebaptisée en ton honneur depuis que tu la rejoignis à dos de mule sur une route pentue creusée dans la lave, était une aride étendue de pierre, un désert noir où toute forme de vie était brûlée et lasse de vivre, à l'exception des taches de jaune éclatant des buissons de genêt. Ces fleurs répandent un parfum intense, comme cela se produit pour les plantes qui ont poussé sur le néant, qui, de leur fragile accrochage à la terre, tire la force d'exploser en une beauté que des conditions favorables n'auraient pas produite. La vie devient belle et terrible quand elle lutte pour survivre. La beauté naît des limites, toujours. Dans ce paysage, où la lave noire se détache sur l'azur infiniment pur du ciel et où la pierre obscure absorbe toute la lumière du soleil, le parfum se répand avec force, empêchant aux hommes de croire que le désert aura le dernier mot.

Tu savais lire la réalité et chacun de ses aspects sur plusieurs plans, tu savais que toute chose est une métaphore, que, si les choses avaient la parole, elles se raconteraient. C'est ainsi que tu as prêté ta parole au genêt, en le sauvant de la mort. Le genêt est la parole du désert, qui se lève pour affirmer la vie : une foi, peut-être humble mais très puissante, en la vie. Tu savais reconnaître le désert parce que tu savais l'habiter, comme tu l'avais écrit à Pietro Giordani quelques années plus tôt : « Cela se produit souvent : je me trouve comme en un désert » (lettre du 29 juillet 1828). Ainsi, par un acte de connaissance poétique, tu pénètres dans les fibres de la fleur de la lave, tu prends part à son existence et tu nous la révèles comme l'existence de chacun.

Seule ta poésie pouvait prêter sa voix à une fleur du désert : jamais tes contemporains, qui se croyaient tenus (quitte à oublier la mort) de magnifier le sort du progrès incessant et bienheureux de l'homme, ne l'auraient prise en considération :

Nature demeure toujours verte, ou plutôt elle se meut
Par un si long chemin
Qu'elle semble immobile. Chutent donc les royaumes,
Passent les peuples et les langues : elle ne voit rien.
Et l'homme s'arroge l'honneur d'être éternel !

Tes yeux, toujours plus affaiblis par la maladie, étaient en même temps bien ouverts sur la réalité de l'aventure humaine : une fleur qui croît dans le désert, comme si le désert était la condition nécessaire pour évoquer l'infini au fond de soi et le faire jaillir autour de soi. L'heure de tes trente-neuf ans va sonner quand tu modules ces vers sous les étoiles :

Souvent, sur ces rivages
Désolés, qu'habille de noir
Le flot durci (et l'on dirait qu'il ondoie),
Je m'arrête la nuit, et, sur la triste lande,
Dans l'azur infiniment pur
Je vois là-haut flamboyer les étoiles,
À qui la mer au loin
Sert de miroir, et d'étincelles tout autour,
Dans le vide du ciel, je vois briller le monde.
Et quand je pointe mes yeux sur ces lueurs
Qui leur semblent un point
Et sont immenses, en sorte
Que terre et mer en vérité vis-à-vis d'elles
Ne sont qu'un point, ces lumières auxquelles,
Non l'homme seul, mais tout
Entier ce globe où l'homme est un néant,
Sont inconnus ; et lorsque je contemple
Ces sans fin toujours plus éloignés
Nébuleuses d'étoiles,
Qui nous semblent des brumes, à qui non seulement
L'homme et la terre, mais tout ensemble,
Infinis de grandeur et de nombre,
Et notre soleil d'or et toutes nos étoiles
Sont inconnus ou paraissent ainsi
Qu'elles-mêmes à la terre : un simple point
De lumière tremblante – à ma pensée,
Que parais-tu alors, ô semence
De l'homme ?

Du joyeux jeu de l'adolescent qui s'invente l'infini par l'imagination, du mélancolique sens d'exil de l'homme mûr, émerge à présent un être nouveau, fragile et flexible comme les buissons du genêt, qu'on utilise surtout pour tresser des cordelettes fines mais résistantes. Il fleurit, de toutes ses forces, emblème de la condition humaine, et tu l'observes avec le sentiment attentif de la vie, dans une nuit où l'on croit sentir le vide qui se trouve sous les galaxies infinies, le même vide que ressentaient le berger errant et le voyageur égaré.

Et c'est de fait leur question qui revient, question à laquelle tu es demeuré fidèle, mais que tu poses à présent sans masque : à présent c'est toi qui, séduit sur cette lande, interroges les étoiles, tandis qu'au loin le souffle de la mer respire sur la lave durcie : « Que sembles-tu alors, ô semence / de l'homme ? »

La fragilité des vies humaines, représentées comme des fourmis qui s'épuisent pour survivre mais que balaie la chute d'une pomme sur la fourmilière, opposée à tout cet infini, te pousse tantôt à la raillerie, quand l'homme s'enorgueillit, tantôt à la compassion, quand il tombe. Sa condition est semblable à la pénible éclosion de la fleur de lumière au milieu des ténèbres : le genêt dans le désert de lave, fleur consciente de la limite, mais précisément née de la victoire sur cette limite. Fleur « lente[1] », c'est-à-dire fragile et flexible, respectueuse des rythmes naturels, qui ne saute pas les étapes, qui ne veut pas tout tout de suite, mais qui, patiente, cherche et donne toute la vie qu'elle a et tout ce qu'elle peut pour s'accomplir. Fleur dépourvue de couardise, fleur sans servilité, mais héroïque et innocente, capable d'accepter la demeure qu'elle n'a pas choisie, transformant son destin en une vraie destination de beauté :

1. « *Lenta ginestra* », écrit Leopardi.

Et toi, lente fleur de genêt,
Qui de sylve odorantes
Orne ces campagnes dénudées,
Toi aussi, tu succomberas dans un temps proche
À la cruelle force du feu souterrain,
Qui, retournant sur les lieux qu'il connaît,
Déploiera sa langue avide
Sur tes molles forêts. Et tu plieras,
Sans résistance, sous le fardeau mortel
Ton innocente tête,
Jamais courbée jusqu'alors pour vainement
Supplier le futur oppresseur,
Ni redressée non plus avec un orgueil fou
Vers les étoiles, sur ce désert
Où, non par volonté mais par hasard,
Tu reçus l'être et ta demeure,
Mais plus sage, mais d'autant moins infirme
Que l'homme, que tu ne crus jamais,
Par toi-même ou le fait du destin,
Tes fragiles lignées immortelles.

Les fragiles buissons de genêt ne se croient pas immortels ni par destin ni par autosuggestion : ils savent leur mortalité et ne la laissent pas échapper, car ils la transforment en parfum et en couleur pour le monde, même si personne n'est là pour les voir. Tu ressens la vie du genêt, Giacomo, parce qu'elle est la tienne, et peut-être celle de tous les hommes qui trouvent le courage de ne pas dissimuler leur condition sous des cuirasses plus ou moins épaisses.

Toi non plus, tu n'as pas renoncé à créer de la beauté au milieu du désert, au milieu des ténèbres. Tu portais la lumière de celui qui fait une belle chose même si elle reste inconnue du monde, parce que ce secret peut suffire à donner plénitude et félicité : « Sans autre satisfaction que d'avoir créé une belle chose au monde, qu'elle soit ou non connue pour telle par autrui » (*Zibaldone*, 15 février 1828).

Écrire sur ce chant consacré à la puissance menaçante du Vésuve et à la noblesse du genêt m'a rappelé le jour où j'ai visité les ruines de Pompéi et où je fus stupéfait en voyant la forme des corps surpris par la lave et immobilisés dans leur dernière « pose ». Leur chair s'est ensuite évaporée dans ce sarcophage durci, offrant la forme concave du dernier geste, que les archéologues ont emplie de plâtre pour en restituer la terrible plénitude. Parmi ces sortes de sculptures, je fus surtout frappé par une mère qui cherchait à protéger son enfant en l'enveloppant de tout son corps, comme si elle avait pu ainsi le sauver des tonnes de boue incandescente. Cet ultime geste est un geste de protection, de pitié, de miséricorde, face à la vie fragile et contre le destin inexorable. Ce geste de beauté pétrifiée, cette façon de se donner à l'autre, c'est cela même que tu as représenté dans *Le Genêt*.

Dans ton siècle de certitudes pompeuses, faites de bien matériel et de progrès, toi, avec ton genêt, tu ne t'illusionnes pas sur ton immortalité, mais tu apprends de la terre où tu croîs le dramatique métier de vivre[1] pour le transformer en art d'être mortel. Toutefois la reconnaissance de ta fragilité ne te dispense pas du devoir de fleurir, et ne devient jamais un alibi pour se retirer de l'élan héroïque et érotique vers la vie, pour se retirer de la lutte.

Le genêt, synthèse de tous les âges de la vie, parfume la lande désolée et la console même, en la rendant habitable, si peu que ce soit, pour celui qui la traverse. Grâce

1. *Le Métier de vivre* est le titre du journal posthume de Cesare Pavese.

à cette petite et indomptable beauté, on peut encore espérer. On le doit.

Où tu habites, ô noble fleur,
Comme compatissant aux misères d'autrui, vers le ciel
Tu répands un parfum d'une extrême douceur
Qui console le désert.

Telle est l'essence d'une fleur, tel est sa tâche : parfumer et consoler, s'accomplir et se donner.

Tu deviens genêt, lui qui accepte la vie comme elle, pleine de dureté et d'impénétrabilité, et en porte le doux poids, en se transformant soi-même en parfum, couleur et liens pour les hommes. Fidèle à soi-même, il répare le désert. Il ne s'abandonne pas au renoncement, il ne craint pas de changer les choses, mais il lutte et il aime. Comme cette mère qui étreint son enfant quand déjà la lave s'apprête à les dévorer. L'ultime geste est toujours un geste d'amour, même quand le destin semble avoir vaincu. Tu répares les hommes par la parole qui fleurit dans leur désert intérieur.

Tes dernières paroles, non pas en vers mais en prose, tu les écrivis à ce même père que tu avais voulu fuir. Désormais le corps cède à la fatigue, mais le cœur est éveillé et assoiffé d'infini, et il module presque une mélancolique et définitive prière :

À Monaldo Leopardi

Naples, 27 mai 1837

Mon très cher père,

[...] Si j'échappe au choléra, aussitôt que ma santé le permettra, je ferai tout mon possible pour vous revoir, en quelque saison que ce soit, car je dois me hâter, désormais convaincu par les faits de ce que j'ai toujours prévu : que le terme prescrit par Dieu à ma vie n'est guère éloigné.

Mes souffrances physiques quotidiennes et incurables en sont venues, avec l'âge, à un tel degré qu'elles ne peuvent plus augmenter : j'espère que, finalement surmontée la petite résistance que leur oppose mon corps moribond, elles me conduiront à l'éternel repos, que j'invoque ardemment chaque jour, non par héroïsme mais à cause de la rigueur des tourments que j'éprouve.

Je vous remercie tendrement, vous et ma mère, du don que vous m'avez fait de dix écus, je vous baise la main à tous les deux, j'embrasse mes frères et ma sœur, et je vous prie tous de me recommander à Dieu afin qu'après vous avoir revus une bonne et prompte mort mette fin aux maux physiques qui ne peuvent guérir d'autre façon.

Votre fils empli d'affection, Giacomo.

L'école selon Leopardi

> Mais l'enthousiasme des jeunes gens aujourd'hui, du fait de l'usage du monde et de l'expérience, ne s'éteint pas diversement ni pour d'autres raisons qu'une flamme ne le fait par défaut d'aliment.
>
> *Zibaldone*, 13 juin 1821

> Il ne faut point éteindre la passion par la raison, mais convertir la raison en passion.
>
> *Zibaldone*, 22 octobre 1820

Cher Giacomo,

Les personnes qui réparent le monde sont celles qui aiment ce qu'elles font, indépendamment de la grandeur de ce qu'elles font. Leur vie module un chant continu, et ils répandent une lumière qui ne leur appartient pas, un parfum qui se diffuse à leur insu. C'est le cas de cette enseignante morte d'une tumeur à cinquante-huit ans, dont le fils a voulu me raconter la vie parce que le dernier livre que sa mère avait lu était mon troisième roman.

« J'ai dix-neuf ans, et ma mère est décédée il y a trois semaines, à l'âge de cinquante-huit ans. Après s'être battue contre le cancer depuis 2011. Quand tout semblait fini, tout recommençait.

Elle a eu une vie incroyable. Croyez-moi, je ne cherche pas à en faire une star.

Elle aimait découvrir. Elle était toujours à la recherche de choses nouvelles qui pourraient l'aider, la satisfaire. C'est pourquoi elle aimait aussi voyager. Elle a visité l'Europe entière, même quand, à l'adolescence, ça ne lui était pas possible financièrement parlant. Elle se donnait toutes les peines du monde, elle essayait et elle y arrivait. Dans tous les domaines. Elle était fascinée par toutes les merveilles de ce monde, dans lesquelles elle voyait toujours des choses qui échappaient aux autres.

Elle aimait enseigner. Elle était prof. Elle a commencé comme remplaçante et elle l'a été jusqu'au moment où nous sommes nés, mon frère et moi. Malgré toutes les difficultés qui se présentaient sur son chemin, elle continuait toujours à aller de l'avant. Et elle en est venue à enseigner au lycée. Son amour pour son travail était tellement grand que seule une grande maladie comme celle-là pouvait l'empêcher de continuer à faire ce qu'elle aimait. C'était une prof différente des autres profs. Une Prof avec un P majuscule. Ce n'est pas moi qui le dis, ce sont ses élèves qui le pensent et qui me racontent en me disant des choses comme : "Avec elle, je suis passé de 6 à 18 ! Je ne veux pas en faire une question de note, mais ta mère était capable de réveiller la passion chez un élève et ça, c'est un don de gens vraiment grands."

Elle a ainsi réussi à unir deux passions : enseigner et voyager. Elle allait partout où son état physique lui permettait d'aller, et avec d'autant plus de plaisir si c'était avec ses élèves.

Elle aimait tout autant lire. Elle lisait continuellement ; elle en sentait le besoin. Les livres l'aidaient, la conseillaient.

Le dernier livre qu'elle a lu, avant que la maladie ne lui interdise la lecture, a été votre roman *Ciò che inferno no è*[1]. Avant de partir, elle a conseillé à beaucoup de ses amies la lecture de ce livre et particulièrement la partie qui concerne "les cinq choses qu'un homme regrettera avant de mourir".

Ma mère aimait vivre. Quelques jours avant sa mort, elle m'a dit : "Je ne me plains pas. Quoi qu'il en soit, j'ai eu une vie fantastique et j'ai fait tout ce que je voulais faire."

S'il y a cinq choses qu'un homme regrettera en mourant, il y en a au moins une qu'elle n'a pas regrettée. C'est d'avoir vécu. D'avoir fait partie de cette belle planète. D'avoir aimé et d'avoir été aimé profondément. »

Ce garçon me raconte seulement ce que cette femme a su aimer, c'est-à-dire son héritage. Ce sont ses amours, non ses humeurs, qu'il se rappelle, et le souvenir est si vif pour lui que, même en son absence, le monde se présente comme un lieu digne d'être habité. Les ravissements de cette femme – voyager, enseigner, lire – ont illuminé son existence et la vie de ceux qui étaient auprès d'elle. Ils ont été comme les fleurs d'un buisson de genêt.

Si, dans une vie, on ne trouve pas cette source secrète et inépuisable, on chute dans le néant, et du néant on ne peut rien engendrer que du néant, tandis que la vie engendre la vie, même quand elle rencontre de la résistance.

Tu étais convaincu, Giacomo, que le malheur d'une époque pouvait être jugé à l'espace et au temps que l'on consacre à la laideur, si l'on entend par laideur l'interruption de l'accomplissement des choses et des êtres. Aujourd'hui, les neurosciences le démontrent. Où que ce soit sur la planète, au contact de la laideur, il arrive la même chose à tous les hommes : les zones cérébrales relatives aux sens s'activent, ainsi que les

1. « Ce qui n'est pas l'enfer. »

réseaux neuronaux voisins de l'amygdale, la partie la plus ancienne et la plus instinctive de nos circuits, qui contient les réactions à tout ce qui met notre vie en péril. Notre cerveau impose à notre cœur de pomper plus de sang vers les organes qui préparent le corps à la fuite. Peut-être est-ce pour cela que, nourris d'images de destruction et de désenchantement, nous éprouvons ce sentiment de peur et de menace. Peu à peu, nous nous sommes accoutumés au désenchantement, en permettant ainsi au cynisme de conquérir, l'un après l'autre, les bastions de notre cœur.

La beauté transforme le monde en une rencontre (une pomme peut suffire, comme celle que Cézanne peignait sans se lasser : « Avec une pomme, je veux étonner Paris ! »), tandis que la laideur le transforme en piège (une pomme peut suffire, comme une de celles que son père, qui le hait, projette sur Gregor Samsa[1]). Dostoïevski faisait hurler à l'un de ses personnages que l'homme « sans la beauté n'aurait rien à faire dans le monde ! Tout le secret, toute l'histoire est là ! La science elle-même ne subsisterait pas sans la beauté, – savez-vous cela, vous qui riez ? – elle se transformerait en une routine servile, elle deviendrait incapable d'inventer un clou[2] ! », et il avait raison. Sans beauté, mieux vaut rester chez soi et attendre la fin, en espérant que la laideur ne franchira pas le pas de la porte. Seule la beauté pousse à sortir de soi, à explorer, à aimer, à créer, à réparer. La beauté pousse passionnément au travail. Et au travail bien fait, quel qu'il soit (pourvu qu'il soit honnête), sauve la petite portion du monde qui nous est confiée, car elle le porte à son possible et fécond accomplissement.

1. Allusion à *La Métamorphose* de Kafka.
2. *Les Frères Karamazov*.

On ne tombe amoureux qu'à travers la beauté, c'est pourquoi les poètes sont continuellement amoureux. Si nous devenons incapables de lire de la poésie, nous devenons aveugles à la beauté, nous perdons l'amour, comme le montre la fatigue du quotidien, véritable course d'obstacles, espace d'obligations sans fin, soif de week-ends qui s'évaporent sans jamais nous rassasier, comme nous l'espérions. Dans un monde qui cherche partout le confort, s'étend une paradoxale incapacité à être au monde, à force de le consommer. Pour apprendre à « être » et puis à donner, il faut patiemment « s'arrêter ». Tu m'as appris, Giacomo, comment on peut être au monde à chaque instant, habiter chaque minute, quelle que soit la condition qu'il nous est donné d'habiter, pour y trouver de la beauté. De quelle façon ? Avec ce que nous appelons l'« inspiration », et dont nous avons perdu le sens. Nous l'avons réduite à une sorte de prurit intérieur qui affecte des gens extravagants, alors que rien comme elle n'est capable d'illuminer notre vie quotidienne de l'intérieur, avec cette lumière qui rend chacun de nos gestes authentique et chacune de nos actions féconde, indépendamment du résultat. « L'inspiration n'est pas un privilège exclusif des poètes ou des artistes en général », dit la poétesse Wisława Szymborska. « Il y a, il y a eu et il y aura toujours un groupe d'individus visités par l'inspiration. Il est formé de tous ceux qui, consciemment, se choisissent un métier et l'exercent avec passion et imagination. Il y a là des médecins, des pédagogues, des jardiniers, pour ne pas parler d'une centaine d'autres professions. Leur travail peut constituer une incessante aventure, à la seule condition qu'ils soient capables d'y trouver des défis toujours nouveaux. Malgré les difficultés et les échecs, leur curiosité ne diminue pas. De tout nouveau problème résolu jaillit pour eux un flux de nouvelles interrogations. L'inspiration, quelle qu'elle soit, naît d'un incessant "je ne sais pas". Des personnes de ce genre, il n'y en a guère. La majorité des habitants de cette terre travaillent pour se procurer de quoi vivre, ils travaillent parce qu'ils le doivent. Ils ne choisissent pas leur métier par passion, ce sont les circonstances de la vie qui ont fait ce choix pour eux. Un métier qu'on n'aime pas, un travail qui ennuie, ou qui n'est apprécié que parce qu'il n'est pas accessible à tout le monde, est un des plus grands malheurs qui puisse toucher l'homme. Et rien ne laisse présager que les siècles à venir apporteront dans ce domaine le moindre changement heureux » (Discours prononcé devant l'Académie Nobel, 1996).

C'est de cela dont nous avons besoin. De nous réconcilier, grâce à la beauté, avec notre « faire » dans le monde. Faire un travail qui devienne poésie : quelque chose qui rend le monde plus beau et nous rend, nous, artistes de notre « Chapelle Sixtine existentielle ». C'est cela que nous offre ta poésie, Giacomo : une beauté qui répare notre destin parce qu'elle nous inspire, et réveille la quête d'une destination.

La lecture de ce que tu m'as écrit a été pour moi salvatrice : à partir de tes conclusions, elle inspirait en moi de nouveaux départs. Tu m'as introduit à ces chambres de ma vie intérieure que je fuyais quand j'avais dix-sept ans et à celles que j'allais garder fermées les années suivantes. Je voudrais qu'il en aille de même pour les autres.

Je pense que le lieu où ces « initiations » à une vie plus pleine peuvent avoir lieu est l'école, véritable « vivier » de l'avenir, champ des destins confiés à des jardiniers de l'humain.

Quand j'ai préparé ma première classe au bac, un groupe très motivé, composé d'élèves qui aimaient étudier, connaître, approfondir, m'a poussé à me laisser gagner par l'angoisse du programme. Je traitais les œuvres en privilégiant le « nécessaire » à la « rencontre ». Jusqu'au jour où l'un de mes élèves réagit de façon déplaisante et me demanda : « Mais à quoi sert-il de tout traiter comme ça, dans l'angoisse, sans réussir à rien retenir, parce que vous ne nous laissez pas le temps de digérer ? » Je suis resté pétrifié. Je m'étais en effet laisser programmer par le programme, au lieu de me mettre au service de la beauté, de l'accomplissement des vies qui m'avaient été confiées. Au programme, il y a la vie et ses saisons, qui ont besoin de silence et de lenteur, comme une graine qui pousse d'abord sa tige, puis le fruit, tandis que ses racines s'enfoncent plus profondément. « La raison, c'est que la nature n'avance pas par bonds, et que lorsqu'on fait violence à la nature, on n'obtient pas de résultats durables. Ou, pour mieux dire, ces transitions précipitées sont des transitions apparentes, mais non réelles » (« Dialogue de Tristan et d'un ami », in *Operette morali*).

L'école, cher Giacomo, pourrait réparer tant de beauté si elle résistait à la tentation du consumérisme en entretenant l'illusion qu'on la possède ; si l'on s'affranchissait de la course aux résultats quantifiables et non respectueuse de l'originalité de chacun ; si, face à l'art, nous nous arrêtions et que nous nous laissions toucher par la gratuité de la beauté. Hélas, c'est souvent le contraire : c'est à l'école qu'on apprend que la beauté est ennuyeuse, superflue et inutile. Les deux livres les plus haïs des Italiens sont *La Divine Comédie* et *Les Fiancés*[1], dont la grandeur se mesure justement à leur capacité à résister aux attaques de l'école, qui les met

1. D'Alessandro Manzoni. Le premier grand roman moderne en Italie, étudié par tous les collégiens.

en « morceaux » et tend à s'en servir comme prétexte à faire des analyses au lieu d'en faire des textes pour bâtir sa vie.

Chaque fois que je commence avec mes élèves la lecture intégrale de l'*Odyssée* ou des *Fiancés*, je les vois dépaysés, comme, justement, si je les emmenais dans un autre pays. Mais c'est cela qui est utile ! Être emporté, enlevé, dans un autre lieu pour rentrer chez soi riche d'une autre monde qui a été sauvé par un poète, par un artiste. C'est pourquoi, à la fin, mes élèves sont heureux, et ce bonheur est aussi dû à la peine qu'ils ont endurée durant cette lecture. Je n'oublierai jamais les pâtisseries sorties par surprise de dessous les bancs dans une classe qui voulait fêter la reconquête d'Ithaque ! Cher Giacomo, si nous lisions les œuvres intégralement, que de beauté nous réparerions, que de vocations nous provoquerions, que de ravissements ! Mais nous sommes trop obnubilés par le programme pour nous occuper des personnes et de leur vie :

L'homme superficiel, l'homme qui ne sait pas mettre son esprit dans l'état où était celui de l'auteur [...], entend matériellement ce qu'il lit, mais il ne voit pas [...] le champ que l'auteur découvrait, il ne connaît pas les rapports et les liens des choses que l'auteur voyait.
(Zibaldone, *22 novembre 1820)*

L'esprit ne se nourrit que de ce qui le rend heureux, et ce qui le rend heureux, c'est la découverte des liens qui unissent les choses et les personnes, qui rendent la vie vivante. Saisir ces liens, les accroître et les réparer, c'est le bonheur du cœur et de l'esprit.

Je rêve d'une école, Giacomo, qui s'occuperait du bonheur des individus ; et je n'entends pas par là un lieu de récréation et de complicité entre professeurs et élèves, mais un espace où chacun trouverait le don qu'il a à faire au monde et commencerait à lutter pour le réaliser, où chacun trouverait une inspiration qui ait la force d'une passion profonde, qui lui donne de l'énergie pour se nourrir à chaque obstacle. Je rêve d'une école de ravissements, une école qui serait un atelier de vocations à cultiver, à mettre à l'essai et à réparer. Une école où l'enseignant serait le facteur qui porte les lettres des autres à l'adresse de chaque élève. L'école que chacun de nous se rappelle en la personne d'un professeur « pas comme les autres » qui nous a regardé comme *quelqu'un* et non comme quelque chose, en commençant ainsi à nous faire fleurir.

Ce sont les choses inutiles, comme les rêves, comme la littérature, que nous devons sauver, surtout à l'école. La littérature sert à provoquer des questions et à les vivre – qui mieux que toi en a donné l'exemple ? –, elle sert au bonheur parce qu'elle en est la carte, comme le dit ce conte juif que j'aime beaucoup :

Quand Ba'al Shem Tov, le fondateur du hassidisme, devait assumer une tâche difficile, il allait dans un certain endroit au fond du bois, allumait un feu, disait des prières, et ce qu'il voulait se réalisait. Quand, une génération plus tard, le Maggid de Mezeritch se trouva devant le même problème, il se rendit au même endroit dans ce bois et dit : « Nous ne savons plus allumer le feu, mais nous pouvons dire des prières », et tout advint selon son désir. Une génération plus tard, Rabbi Mosche Leib de Sassov se trouva dans la même situation ; il se rendit dans le bois et dit : « Nous ne savons plus allumer le feu, nous ne savons plus dire les prières, mais nous connaissons cet endroit du bois ; cela doit suffire. » Et de fait cela suffit. Mais quand, une génération passa et que Rabbi Israël de Rischin dut lui aussi se mesurer aux mêmes difficultés, il resta dans son château, s'assit sur sa chaise dorée et dit : « Nous ne savons plus allumer le feu, nous ne sommes plus capables de réciter les prières et nous ne connaissons même pas l'endroit dans le bois, mais de tout cela nous pouvons raconter l'histoire. » Et, une fois encore, cela suffit.

Quand j'entendis tes paroles : « À quoi bon tant de flammes et moi, qui suis-je ? Vers quoi tend mon errance si brève ? », il m'arriva exactement la même chose : j'entends l'écho de quelque chose qui m'appartenait et que tes vers avaient conservé, au milieu du chaos dans lequel j'avais oublié le bois, le feu et les prières. La littérature est la gardienne de ce feu perpétuel, elle est le récit qui permet de réaliser notre tâche, même quand nous avons tout oublié et que nous sommes égarés. Quand les histoires disparaîtront, l'homme disparaîtra aussi, parce que toute trace de son destin aura disparu.

Et la parole, à la différence des technologies d'aujourd'hui, ne jette pas ce qui est vieux pour le remplacer par de nouveaux modèles, mais elle répare la réalité, avec patience, en la nommant justement et toujours mieux, au moment même où elle pâlit, se défait, s'oublie : « Une fois trouvé le mot [...], notre idée en acquiert de la clarté, de la stabilité, de la consistance, et reste en nous bien définie et fixée dans l'esprit [...], avec la parole, elle prend corps et presque une forme visible, sensible, circonscrite » (*Zibaldone*, 1819-1820). C'est la tâche des poètes que de réparer, chose rien moins que commode, comme il en va de tous les métiers qui exigent de la patience (du paysan au cordonnier, du pêcheur au berger, du mécanicien au jardinier, du père au professeur). Pour eux, il est évident qu'on ne crée pas les choses à partir de rien, mais qu'elles doivent être gardées et cultivées, remises à neuf. Toi, Giacomo, tu en as tant réparées, auxquelles tu as prêté une attention absolue quand plus personne ne s'en préoccupait.

Tu as ainsi réparé la mélancolie, en me faisant comprendre qu'elle avait trop à me donner pour que je ne la confie qu'aux catégories psychologiques et réductives comme le pessimisme ; tu as réparé la lune, en m'enseignant que sa manifestation fait de l'obscurité non pas un terme négatif mais le contrepoids vivant de la lumière, car l'une ne va pas sans l'autre ; tu as réparé la jeunesse, en me rappelant que c'est l'âge de la vie le plus voué à la douleur parce qu'il est le plus ouvert à l'espérance ; tu as réparé le cœur, justement quand, lui intimant l'ordre de ne plus battre, tu as révélé que cette paradoxale fibre musculaire ne cesse jamais de chercher l'infini, même si rien de terrestre n'est capable de rassasier sa soif ; tu as réparé la solitude, en m'en faisant expérimenter la joie et la nécessité ; tu as réparé la beauté, en m'en faisant découvrir l'éternelle incomplétude et donc la nécessité de la servir pour qu'elle s'accomplisse ; tu as réparé l'imagination, en lui rappelant qu'elle est la maison de l'infini chue dans les limites ; tu as même réparé l'ennui en t'opposant à elle par la création et non par la destruction.

N'est-ce pas ce que font les amis, Giacomo ? Chercher à réparer et à se réparer mutuellement ? Ils réparent les vivants, comme chacun de tes vers. Et sans le vers juste, on ne peut endosser la vie avec style.

Je te remercie de tes lettres, qui m'ont aidé à vaincre la fatigue. C'est pour cela que je les relis continuellement, comme on le fait avec les lettres les plus chères.

Comme enseignant et comme écrivain, je suis appelé à conserver, à soigner, à réparer les élèves et les mots, justement parce qu'ils sont précieusement fragiles.

Et quand j'essaie de répondre, malgré mes échecs, à cette vocation, je sais que j'ai fait quelque chose de beau au monde, parce que tel est mon ravissement, et je veux rester fidèle à cela pour pouvoir dire à la fin de mes jours : rien n'a été gaspillé.

MOURIR
ou l'art de renaître

Donnez-moi des nouvelles de vous et des vôtres, et aimez-moi. Adieu, adieu. Votre Leopardi.

Lettre à Antonietta Tommasini, 15 mai 1837

Cher Giacomo,

Quelques années avant toi mourait, lui aussi par insuffisance respiratoire, John Keats, ton âme sœur, frêle explorateur de l'infini, au corps particulièrement délicat et pour cela même tout entier tendu vers la vie. Dans une de ses dernières lettres, il écrivait que c'était justement sa santé fragile qui lui avait ouvert les sens : « C'est étonnant à quel point (ici je dois poser en prémisse que la maladie, autant que je puisse juger en si peu de temps, a soulagé mon esprit d'une quantité de pensées et d'images trompeuses et me fait voir les choses dans une lumière plus vraie), c'est étonnant à quel point la possibilité de quitter le monde imprime en nous le sentiment de ses beautés naturelles. Comme le pauvre Falstaff, quoique je ne divague pas, je songe à des prairies vertes. Je rêvasse avec la plus grande affection sur chaque fleur que j'ai connue depuis mon enfance. Leurs formes et leurs couleurs sont aussi nouvelles pour moi que si je venais de les créer avec une fantaisie surhumaine » (14 février 1820)[1].

Toi aussi tu as été obligé par le destin de prendre tout de suite la mort au sérieux : tu combattais pour chercher la vie et la lumière, et non pour une immortalité illusoire

1. Lettre adressée à A. J. Rice, traduction d'Aliette Bemberg, in *Lettres de John Keats*, Paris, Librairie Béranger, 1949.

que tu aurais laissée derrière toi. Tu ne voulais pas seulement dilater le temps, mais le dépasser, le transcender, découvrir le secret pour renaître.

Le secret de la poésie est celui-là même à quoi nous oblige l'imminence de la mort : vivre les choses avec la pureté de la première fois, justement par crainte que ce ne soit la dernière. Que ferais-je, me suis-je souvent demandé, si je savais que j'allais mourir dans les vingt-quatre heures, à quoi consacrerais-je cette dernière journée ?

La conscience de la mortalité de l'homme, sa radicale fragilité, est ce qui l'ouvre à l'essentiel de la vie, la condition pour retrouver le goût des choses et le secret pour qu'elles ne finissent pas dans le néant. Le poète se plie à cette incommode discipline de qui est contraint d'« élever les choses au plan de la vérité, de la pureté et de la durée. Il est un chercheur de bonheur, chose tout autre que commode » (Franz Kafka).

Au début de ce XXIe siècle, la République tchèque a voté une loi visant à réduire la pollution lumineuse de la nuit. Elle concerne « tous les types d'illumination d'origine artificielle, qui se disperseraient en dehors des zones qui leur sont dédiées » et oblige les citoyens et les organisations à « prendre des mesures pour prévenir la pollution lumineuse dans l'air ». Concrètement, parmi d'autres mesures, les éclairages nocturnes doivent être réduits d'un tiers au-delà d'une certaine heure et le toit-terrasse des immeubles les plus hauts ne doit pas être éclairé. C'est le résultat d'une lutte menée par une association qui a pour but de défendre le ciel nocturne des agressions de la lumière artificielle. Le ciel nocturne, piqueté d'étoiles, est en voie de disparition, ce qui provoque (outre les conséquences immédiates sur l'écosystème) des dommages difficilement calculables sur l'esprit et le cœur des humains. Un tiers de la population terrestre ne voit plus la Voie lactée ; un Européen sur deux ne voit que quelques constellations sur un total d'environ trente mille, toutes de couleurs différentes, qu'on pourrait voir à l'œil nu (et sur un demi-million environ visible avec une lunette !) si le ciel était pur. Cher Giacomo, poète des « *vaghe stelle*[1] », tu ne pouvais savoir qu'en 2016 l'Italie obtiendrait le honteux prix du pays le plus pollué d'un point de vue lumineux. Il est de plus en plus rare que les hommes soient touchés par ce « sentiment de l'infini », justement parce qu'ils ne l'ont plus à portée de main ; leurs haies ne sont plus des tremplins pour s'élancer vers l'ailleurs, mais des obstacles insurmontables. Le ciel nocturne devrait devenir le patrimoine de l'humanité, comme les plus précieuses d'entre les créations humaines. Restituer au ciel nocturne son identité nous aiderait à nous rappeler qu'il y a des choses que nous ne pouvons nous approprier, mais que nous pouvons seulement recevoir. Retourner au pouvoir de la nuit nous rendrait un peu de nostalgie pour ce qui n'est pas utilisable. Tu avais compris qu'une certaine idée du progrès provoquerait ce début de perte de l'infini. Deux siècles plus tard, un pays occidental éprouve le besoin de légiférer sur ce que ta poésie avait noté de façon prophétique, pour pouvoir sauver l'obscurité et ce qu'elle contient, réparer les yeux de ses habitants, et peut-être aussi leurs cœurs.

Seul qui est accoutumé à l'infini connaît sa propre finitude, il accepte la mort et ne la dissimule pas ; seul qui accepte la mort sait vivre. Ton chant est nourri d'une grâce paradoxale : tu nous apprends comment le métier d'être mortel peut devenir l'art d'être fragile, parce que

1. Premier vers des « Ricordanze » (« Vaghe stelle dell'Orsa io non creda... »), que M. Orcel traduit par « *Vagues flammes* de l'Ourse... » (*Chants/Canti*, Paris, GF-Flammarion, 2005).

seul qui sait compter ses propres jours devient, de saison en saison, capable d'habiter la vie avec la légèreté des amoureux. Les lois des hommes devront toujours rappeler à l'homme cet art en voie d'extinction, cet art pour lequel il faudrait parfois un simple regard vers le ciel nocturne.

Et ce fut une nuit pleine d'étoiles, ta dernière nuit, le 13 juin 1837. Elles brillaient de tout leur éclat dans cet été dévasté par le choléra, mais deux amis qui parlent sur le balcon sous un ciel comme celui-ci peuvent arrêter n'importe quelle peste. On raconte que tu adressas ces mots à Antonio Ranieri, et seule en effet une amitié vraie peut accueillir nos joies et nos mélancolies les plus profondes :

« Il est vraiment terrible que Leibniz, Newton, Christophe Colomb, Pétrarque, le Tasse, aient eu foi dans la religion chrétienne et que nous, nous ne puissions en aucune manière nous satisfaire de la doctrine de l'Église… »

Ton ami répondit : « Il est sûr qu'il serait préférable de pouvoir croire ; mais si nous ne le pouvons, pourquoi la raison répugne-t-elle à la foi ? En quoi est-ce notre faute ? »

Et toi, après une longue pause de silence étoilé : « Mais pourquoi la raison de Leibniz, de Newton, de Colomb, n'y répugnait-elle pas comme la nôtre ? »

Les dernières paroles d'un homme résonnent toujours comme une synthèse ; il en va ainsi dans les livres et au cinéma, parce qu'il en va ainsi dans la vie. Je me rappelle cette personne de ma famille qui, après avoir fait le signe de la croix, rendit son dernier souffle en disant : « Je suis Sergio. » Tes derniers mots à toi évoquent ton plus grand regret : ton cœur ne souscrivait pas à cet infini qui, bien que ta raison l'ait repoussé, lui était fiché dans le cœur. Tu ne t'y résignais pas : comment la raison d'un navigateur, d'un philosophe, d'un scientifique et de deux poètes que tu avais aimés par-dessus tout (la plupart étaient devenus des personnages de tes *Operette*, et donc tes voix intérieures) pouvait-elle rester unie au cœur en ne repoussant pas l'idée d'un Dieu providentiel et Père des hommes ? Tu leur enviais cette foi en un Dieu qui est la réponse à ce que la nature, avec sa cruelle indifférence, ne peut donner. Eux croyaient à cette parole du Christ, qui avait regardé les choses de la nature avec la même attention « poétique » qui fut la tienne, comme si chaque chose contenait toujours divers plans, de la surface à la plus grande profondeur : « Voyez les oiseaux du ciel : ils ne sèment ni ne moissonnent ni ne recueillent en des greniers, et votre Père céleste les nourrit ! Ne valez-vous pas plus qu'eux ? Qui d'entre vous d'ailleurs peut, en s'en inquiétant, ajouter une seule coudée à la longueur de sa vie ? Et du vêtement, pourquoi vous inquiéter ? Observez les lis des champs, comme ils poussent : ils ne peinent ni ne filent. Or je vous dis que Salomon lui-même, dans toute sa gloire, n'a pas été vêtu comme l'un deux. Que si Dieu revêt de la sorte l'herbe des champs, qui est aujourd'hui et demain sera jetée au four, ne fera-t-il pas bien plus pour vous, gens de peu de foi[1] ? » (Matthieu, VI, 26-30).

Même les fleurs sauvages, comme le genêt, ne se voient pas refuser la beauté. Une beauté voulue et protégée par un Père : la tension vers la plénitude est dans les mains de Celui qui est avant et après, du Dieu qui est garant de l'accomplissement du destin de toutes les choses, qui ne connaissent pas leur pauvreté d'exister et reçoivent tout ce qu'elles peuvent, et des personnes, qui prennent conscience de leur fragilité et sont libres d'accueillir ou non la vie que le Père leur offre. À la raison et au cœur

1. Traduction de l'École biblique de Jérusalem, Paris, Le Cerf, 1955.

de ces grands hommes ne répugnait pas cette certitude. Toi, Giacomo, tu ne te résignais pas à perdre ton cœur, qui savait qu'il existe des vérités qui sont bien plutôt le fruit de la foi que le produit d'une démonstration, des vérités comme l'amour, comme le fait d'être et de respirer, comme notre unicité, comme la beauté.

Le lendemain, après avoir pris une tasse de chocolat, selon le témoignage de Ranieri, tu dictas à ton ami les derniers vers du *Coucher de la lune*, peut-être sous l'influence de la beauté de cette dernière nuit étoilée que tu avais vue comme si elle était la première. Tu avais compris que c'était ton heure.

L'intervention du médecin fut inutile, le prêtre arriva trop tard : tu avais rendu ton dernier soupir dans les bras de ton meilleur ami, après lui avoir dit : « Je ne te vois plus. » Toi qui plus que tout autre avais regardé les choses, à travers les choses, au-dessus des choses, au-delà des choses, et y avais cherché le secret de la vie : la vue et la vie t'avaient abandonné.

Il n'y a pas d'artiste qui ne croie en l'éternité, pas forcément de façon explicite, mais dans les faits, parce que l'artiste cherche par tous les moyens à arracher la beauté au temps et à la mort. L'homme est un animal qui veut durer, l'artiste sait qu'il peut s'y essayer en créant quelque chose de beau, parce que la création artistique est une espérance de donner vie, d'être, contre ce qui s'y oppose : c'est la recherche de ce qui fait renaître. Et ta poésie, Giacomo, ne s'est pas soumise aux données biographiques, elle n'a pas sombré dans la confession narcissique, mais elle s'en est libérée : elle s'est élevée. Ton œuvre dit : « Je suis ce que je ne suis pas », et telle est la beauté des choses fragiles, qui désirent ardemment être ce qu'elles ne sont pas encore, luttent pour s'accomplir et cherchent ce qui peut les faire fleurir dans leur pleine beauté.

Dans la vie, pour comprendre les choses de ce monde, il faut mourir au moins deux fois. La première fois, dans la jeunesse, quand on a encore du temps et de l'énergie pour se redresser, et c'est ce que tu as fait, toi, en mourant à ton ravissement pour réparer à l'aide de tes vers la mélancolie d'une grande promesse de bonheur non tenue. La seconde, quand nous serons sur le point de rendre l'âme, et nous devrons alors regarder derrière nous et nous demander pour quoi nous avons respiré, si notre souffle n'a pas été gaspillé. Et l'on ne peut mourir tout à fait si l'on a lutté pour faire quelque chose de beau au monde, si l'on a lutté pour résister à la tentation du néant, comme le confirmait cette âme si proche de la tienne : « Je suis de plus en plus convaincu que bien écrire est, après bien agir, la chose la plus élevée du monde » (J. Keats, Lettre du 25 août 1819).

L'art de renaître est alors l'art d'aimer, parce que seul celui qui aime crée quelque chose de beau. Seul l'amour nous permet d'affronter le scandale de la fragilité de notre être, un amour qui ne devrait jamais manquer, malgré nos insuffisances, un amour capable de faire accepter et de faire fleurir notre destin, cet amour que Baudelaire invoquait peu d'années avant sa mort : « Je désire de tout mon cœur (avec quelle sincérité, personne ne peut le savoir que moi !) croire qu'un être extérieur et invisible s'intéresse à ma destinée ; mais comment faire pour le croire ? » (Lettre à sa mère, 6 mai 1861).

Nous ne pouvons avoir un destin et une destination sans un amour qui ait foi en nous avant que nous n'ayons foi en lui. Cet amour, Giacomo, je l'ai trouvé en Dieu. Je crois que nos carences de destin, et donc de bonheur, sont des carences d'amour, d'un amour infini, qui embrasse et répare, aujourd'hui et toujours, chaque limite de notre fragile existence, pour qu'elle atteigne son accomplissement. Mais comme tu l'as dit avec un accent de mélancolie, nous avons trop de répugnance et de doutes sur la vérité de cet Amour.

Je veux te dire adieu comme je t'ai remercié devant ta tombe, dans le Parc de Virgile, dans le silence nu d'un sentier, d'où l'on entendait l'écho de la mer et le vide qui est sous le ciel. Je t'ai récité alors ces vers d'Adam Zagajewski :

Cherche à chanter le monde mutilé

Cherche à chanter le monde mutilé.
Rappelle les longues journées de juin
Et les fraises, les gouttes de vin rosé.
Les orties qui, méthodiquement, recouvraient
Les maisons abandonnées par ceux qui en avaient été chassés.
Tu dois chanter le monde mutilé.
Tu as regardé des bateaux et des voiliers élégants,
Attendus d'un long voyage
Ou seulement d'un néant saumâtre.
Tu as vu des réfugiés aller vers le néant,
Tu as entendu les bourreaux chanter allègrement.
Tu devrais célébrer le monde mutilé.
Rappelle ces instants, quand vous étiez ensemble
Dans une chambre blanche et que le rideau bougeait.
Reviens par la pensée au concert, quand la musique explosa.
En automne tu ramassais les glands dans le parc
Et les feuilles voltigeaient sur les cicatrices de la terre.
Chante le monde mutilé
Et la petite plume grise perdue par la grive,
Et la lumière délicate qui erre, s'évanouit
Et puis revient.

La poésie nous oblige à baisser la lumière artificielle et nous nous surprenons alors de nouveau à voir le monde mutilé et fragile. Les choses recommencent à réclamer leurs droits, leur tendresse, leur impureté, leur ombre lumineuse, leur fragilité. Les choses et les êtres, leurs visages, reviennent invoquer notre miséricorde : « Soyez nos gardiens, réparez-nous, malgré tout », répètent-elles.

Je ne crois pas qu'il soit fortuit que cette loi pour la défense du ciel nocturne ait été signée par un président qui était aussi écrivain et poète. On pourrait s'imaginer que c'est une trouvaille sentimentale, éphémère, à inscrire au rôle des provocations. Mais si, tout au contraire, marcher sous les étoiles en s'amusant à les compter, comme toi, Giacomo, était le vrai bon geste pour reconquérir désirs et destins, devoirs et dons, à l'aurore de ce nouveau millénaire ? Si les étoiles réussissaient encore à émerveiller nos yeux, et pas seulement une fois ou deux l'an, quand tombent les étoiles filantes, je crois que nous aurions beaucoup plus de chances de construire notre maison sur des fondements célestes, ceux de notre unicité.

Si notre lecteur, Giacomo, éteignait cette nuit toutes les lumières et regardait le ciel en silence, il saurait peut-être que la beauté et la gratitude nous sauvent de l'égarement dû à notre carence de destin et de destination.

Si, dans cette lumineuse obscurité, il avait quelqu'un à côté de lui ou dans le cœur, il en découvrirait peut-être mieux la séduisante fragilité, un infini blessé qui demande à être soigné et réparé, et il comprendrait qu'il est « poète », c'est-à-dire appelé à faire quelque chose de beau au monde, à tout prix.

Peut-être alors saurait-il qu'il n'est qu'une seule méthode pour apprendre le pénible et enthousiasmant art de se conduire à l'accomplissement et d'y conduire les choses fragiles pour les sauver de la mort : l'amour.

Tel est le secret pour renaître.

Tel est l'art d'être fragile.

P. S.

Cher Giacomo,

Toutes les lettres qui se respectent ont un *post-scriptum*, cette pensée qui nous a surpris quelques instants après avoir achevé d'écrire, comme un fruit tardif. Le fruit que je veux t'offrir est une histoire que j'ai lue il y a peu de temps.

Les nazis transformèrent la petite ville de Terezin, près de Prague, en partie en ghetto et en partie en camp de concentration, après l'avoir entourée de murs et en avoir chassé les habitants non juifs. Theresienstadt (tel fut son nouveau nom) devait servir de modèle pour la propagande nazie : on l'appelait « zone autonome d'implantation juive », mais en réalité ce n'était qu'un camp de la mort.

Un survivant de ce camp de concentration raconte qu'un jour on avait annoncé que l'on transférerait le lendemain de force mille jeunes gens. Au matin, on se rendit rapidement compte d'un fait étrange : la librairie de Theresienstadt avait été dévalisée. Chacun de ces jeunes avait pris deux livres qu'ils avaient glissés dans le seul sac qu'on leur avait permis d'emporter. Ils n'avaient pas rempli ces sacs de souvenirs inutiles, ni même de nourriture ou de biens de première nécessité, non : ils y avaient glissé un ou deux livres. Leur survie dépendait bien plus des paroles d'un narrateur, d'un poète, d'un scientifique, que de toute autre chose. Face à la mort, ils firent passer l'essentiel avant même le nécessaire. Pour s'ancrer dans la vie, il faut s'ancrer dans le sens de la vie.

Mais est-ce donc vrai, Giacomo, que les livres sauvent la vie ? Peut-être la sauve-t-il métaphoriquement, comme nous l'avons dit, parce qu'ils la préservent du non-sens, donnent forme à l'informe, aident à habiter la possibilité, greffent l'invisible sur le tronc du visible (ou *vice versa*). En dernière instance, ils nous disent que nous ne sommes pas seuls et que la beauté n'est pas tout à fait exilée, même dans un camp de concentration.

Et pourtant, au moment où j'écrivais ce livre, j'ai reçu le courrier d'une jeune fille qui avait décidé de se suicider. Elle me disait que, si elle n'était pas passée à l'acte jusqu'alors, c'était à cause de ta poésie, grâce à laquelle elle ne s'était pas sentie seule au monde. Toute la nuit qu'elle avait dans le cœur était devenue habitable et elle passait ses nuits à pleurer sur une vie qu'elle jugeait à tous égards « monstrueuse ».

Cette force qu'ont les poètes de célébrer de façon désintéressée le monde, les choses, les personnes, c'est la gratuité dont nous avons besoin pour découvrir notre propre beauté, et voir que nous ne sommes pas des monstres. La poésie ne se mérite pas, jamais : c'est un don qui nous fait percevoir le don que nous sommes, justement parce que le poète nous a fait éprouver comme précieux un berger errant, des passereaux solitaires, un voyageur égaré, des buissons de genêt et autres fragilités.

Cette jeune fille avait décidé que plus rien ne lui suffisait, pas même ta Sappho[1], ta mélancolie, ta lutte pour la beauté. Alors je lui ai dit que j'étais en train d'écrire un livre avec toi, qui parlait justement de cette mystérieuse

1. Allusion au *Dernier chant de Sappho.*

tragédie ou comédie qu'est la vie, et qu'elle ne pouvait pas quitter la scène sans l'avoir lu. Elle m'a répondu qu'elle suspendrait son acte, qu'elle voulait avant lire mon livre. Peut-être lui servira-t-il à revoir les étapes de la vie qui ne lui ont pas permis de vivre. Peut-être trouvera-t-elle ainsi une destination, comme les graines cachées dans la terre, qui ne savent rien de la lumière sinon par sa mélancolique absence.

Les livres, s'ils sont bien choisis, cher Giacomo, peuvent sauver la vie, surtout si elle est fragile, en lui faisant saisir le fruit de l'avenir qu'elle porte au fond de soi.

Et, grâce à toi, quand je dis qu'un livre peut sauver la vie, je sais que je ne suis pas en train de recourir à une métaphore.

Je t'aime de tout cœur.
Adieu.
Ou plutôt : au revoir.

Alessandro

Remerciements

La liberté est pour moi fidélité à ce que j'aime et vers quoi je reviens toujours : l'école. Ce livre est une manière de remerciement pour tous les enseignants, les collègues et les élèves que j'ai rencontrés ces dernières années. Pour tous les autres, j'espère que ce sera un don.

Ce livre a été conçu durant un cours que je donnais à des élèves de terminale de divers lycées, dont les yeux brillaient tandis que je leur parlais d'un Leopardi auquel ils ne s'attendaient pas, peut-être le même que j'avais rencontré à leur âge, et pourtant je ne faisais que lire ses paroles et la beauté fragile, mais indomptée, de son *Genêt*. La confirmation que je devais écrire ce livre me vint d'une lettre que je reçus un peu plus tard d'une étudiante : « J'ai vingt ans et je suis étudiante en Lettres classiques. Je vous écris pour vous dire que je suis heureuse. J'ai découvert la littérature grâce à ma professeur de lettres au lycée et cette rencontre a été la plus féconde de toute cette période ; je n'exagère pas en disant qu'elle m'a sauvée. Elle m'a donné des instruments, elle m'a offert gratuitement l'équipement dont j'avais besoin pour un voyage extraordinaire, un voyage vers un "port enseveli[1]". Ce port, je l'ai entrevu, comment le croire ? J'ai vu une lumière aveuglante dont les ombres ne sont que l'autre face de la beauté. Et j'ai

1. « Il porto sepolto » est le titre d'une célèbre poésie de G. Ungaretti.

compris. La littérature a chassé les ténèbres, ou plutôt je les ai moi-même exilées – oui, moi-même ! –, la littérature m'a donné du COURAGE. Et maintenant je ne suis plus jamais seule : il a fallu que je m'enfonce dans un abîme où le dialogue – *a*-spatial, *a*-temporel[1] – est continu, où plus de mille êtres me tiennent la main en *com*prenant[2] ! Et comment aurais-je trouvé le courage d'être heureuse sans mon enseignante ? Alors, je vous écris à vous, Monsieur, pour vous remercier. Ce sont des maîtres comme vous dont nous avons besoin, car dans le magma que porte inévitablement en soi tout adolescent, il y a la graine d'un "genêt", et vous, les guerriers – car les enseignants combattent, je l'ai bien compris –, vous en brisez la coque et faites exploser la force de cette fleur. »

Briser la coque et laisser chaque fleur advenir, tel est la tâche de tous les professeurs. Si être enseignant, c'est écouter des personnes, écrire est pour moi écouter des personnages. Dans les deux cas, des choses fragiles qui veulent avoir un destin, exister un peu plus, ne pas chuter dans le néant de l'indifférence. Voilà pourquoi je voudrais que ce livre ne soit pas pris comme un ouvrage de critique littéraire (il n'en a pas la prétention) mais qu'il réalise plus simplement ce que disait Proust : « Et c'est là, en effet, un des grands et merveilleux caractères des beaux livres (et qui nous fera comprendre le rôle à la fois essentiel et limité que la lecture peut jouer dans notre vie spirituelle) que pour l'auteur ils pourraient s'appeler "Conclusion" et pour le lecteur "Incitations". Nous sentons très bien que notre sagesse commence où celle de l'auteur finit, et nous voudrions qu'il nous donnât des réponses, quand tout ce qu'il peut faire est

1. L'auteur met en relief l'« a » privatif, qui nous vient du grec.
2. L'auteur souligne la préposition latine « *cum* » qui signifie « avec ».

de nous donner des désirs… Tel est le prix de la lecture et telle est aussi son insuffisance. […] La lecture est au seuil de la vie spirituelle ; elle peut nous y introduire : elle ne la constitue pas. […] Tant que la lecture est pour nous l'incitatrice dont les clefs magiques nous ouvrent au fond de nous-même la porte des demeures où nous n'aurions pas su pénétrer, son rôle dans notre vie est salutaire. Il devient dangereux au contraire quand, au lieu de nous éveiller à la vie personnelle de l'esprit, la lecture tend à se substituer à elle » (« Comment laisser tomber un livre[1] »).

Mes remerciements vont à tous ceux qui ont permis à ce livre d'exister, et avant tout Carlo Carabba et Marilena Rossi, qui ont accepté le dangereux défi qu'il présentait, ainsi que Linda Fava : tous les trois l'ont patiemment aidé à grandir. Merci à Nadia Focile, à Mara Vitali, à Alice Dosso, à Rossana Frigeni, et à ma sœur Paola, vrais anges gardiens de mes livres et de ma rencontre féconde avec les lecteurs. Merci à Alessandro Rivali pour nos conversations sur la poésie : qui écrit de la prose se nourrit des miettes qui tombent de la table des poètes. Merci à mes parents, à mes frères et sœurs : c'est grâce à eux tous (il n'est pas facile de garder unis six enfants !) que j'ai appris l'art d'être fragile. Merci à ma sœur Marta, qui, cette fois encore, sur la couverture, a réussi à donner une belle image à ce livre. Merci à tous les amis et amies qui me permettent d'être moi-même, en m'aidant à rester fidèle à l'inspiration même quand je perds de vue le but. Merci aux garçons et aux filles qui ont enrichi ma vie, et, par leurs lettres, ont enrichi ce livre. Merci à ma collègue de travail et aux élèves qui, en m'écoutant un après-midi de grande

1. Cité *in* Alain de Botton, *Comment Proust peut changer votre vie*, Paris, Denoël, « Empreinte », 1997, p. 228-229.

chaleur à l'école, m'ont offert leurs précieux conseils pour réaliser la pièce tirée de ces pages avec l'aide de Gabriele Vacis et Roberto Tarasco. Merci à l'« Amour qui meut le soleil et les autres étoiles[1] » et à mes doigts sur le clavier…

Ce livre représente l'école telle que j'aimerais qu'elle soit et tel que Calvino souhaitait que puisse être ce nouveau millénaire : « Si je voulais choisir un symbole votif pour saluer le nouveau millénaire, je choisirais celui-ci : le bond agile et imprévu du poète-philosophe qui prend appui sur la pesanteur du monde, démontrant que sa gravité détient le secret de la légèreté – alors que ce qui passe aux yeux de beaucoup pour la vitalité d'une époque bruyante, agressive, piaffante et vrombissante appartient aussi sûrement au règne de la mort qu'un cimetière d'automobiles rouillées[2] » (« Légèreté », in *Leçons américaines*).

Le poète-philosophe auquel se référait Calvino est le plus cher ami de Dante, Guido Cavalcanti, lequel, d'un bond parmi les tombes, se détache de la bande d'hommes riches et sûrs d'eux-mêmes qui le raillent pour sa solitude et son interminable questionnement sur l'existence de Dieu[3]. Mon poète-philosophe est Leopardi, dont les *Chants* ont toujours leur place dans une poche où l'on met les choses indispensables.

À la fin de la rédaction de ce livre, qui m'a valu des moments de véritable « passion », je puis dire avec John Keats que j'ai « subi une métamorphose […], mais non pour obtenir de nouvelles plumes et de nouvelles ailes ; celles-ci ont disparu, et, à leur place, j'espère avoir une

1. Dernier vers du *Paradis* de Dante : il s'agit de Dieu.
2. In *Défis aux labyrinthes II*, Paris, Seuil, 2001.
3. Allusion à une anecdote que raconte Boccace dans le *Décaméron* (VI, 9).

paire de jambes pour marcher patiemment sur la terre » (Lettre du 11 juillet 1819).

Je te souhaite aussi cette métamorphose, cher Lecteur, qui a décidé de porter ce livre « en poche », en lui consacrant ton temps et tes pensées. Je te suis reconnaissant d'avoir fait ce bout de chemin avec moi.

Note pour lecteurs insatiables

Si votre soif de connaître Leopardi, comme je l'espère, n'est pas apaisée, je crois bon de vous faire savoir que vous pouvez trouver les citations de son œuvre dans les *Prose e poesie* (deux volumes), le *Zibaldone* (trois volumes) et les *Lettere* parus dans la collection « I meridiani » de Mondadori. Le seul cas où je me suis permis d'adapter ses paroles à la langue de notre temps pour en faciliter la compréhension est celui de la lettre que Giacomo écrivit à son père quand il résolut de s'échapper de la maison familiale.

Si vous voulez approfondir la vie de Leopardi, vous pouvez lire la biographie que je préfère (pour sa capacité à tenir liés de façon harmonieuse divers plans de la vie du poète) et qui a servi de base à l'écriture de ces pages : le *Leopardi* d'Iris Origo, édité par Castelvecchi.

Note de l'éditeur français

En français, Michel Orcel a donné une traduction annotée des *Canti / Chants* (Paris, GF-Flammarion, 2005).

L'intégrale des *Operette morali*, du *Zibaldone* et de la *Correspondance* a été publiée par les éditions Allia (Paris).

Il n'existe pas de biographie de Leopardi en français.

Table

Composition et mise en pages
Nord Compo à Villeneuve-d'Ascq

Achevé d'imprimer en décembre 2017
sur les presses de Normandie Roto Impression s.a.s.
61250 Lonrai
N° d'impression : 1704426

Imprimé en France